10대
부모
수업

일러두기
이 책에 실린 사례들은 모두 각색을 거쳤으며, 이름은 가명으로 표기하였습니다.

1판 1쇄 발행 | 2016년 1월 5일

지은이 | 최영인
펴낸이 | 김경배
펴낸곳 | 시간여행
편 집 | 이진의 · 정지은
본문 디자인 | 서진원

등 록 | 제313-210-125호 (2010년 4월 28일)
주 소 | 서울시 마포구 양화로 6길 9-24 (서교동 동우빌딩 3층)
전 화 | 070-4032-3664
이메일 | sigan_pub@naver.com

종 이 | 엔페이퍼
인 쇄 | 천광인쇄

ISBN 979-11-85346-22-9 (03370)

이 도서의 국립중앙도서관 출판예정 도서목록(CIP)은 서지정보유통지원시스템 홈페이지(http://seoji.nl.go.kr)와 국가자료 공동목록시스템(http://www.nl.go.kr/kolisnet)에서 이용하실 수 있습니다. (CIP 제어번호 : CIP2015035325)

* 이 도서는 국제친환경 인증을 받은 천연펄프지(Norbrite 95#)로 제작되었습니다.

10대 부모 수업

내 아이의 사춘기를 이해하는 시간

최영인 지음

시간여행

| 프롤로그 |

누구에게나 십대는 어렵다

큰아이의 사춘기는 초등학교 6학년 무렵에 찾아왔다. 당시 나는 늦은 나이에 직장에 들어가서 하루하루 고군분투하고 있었다. 아이가 사춘기에 접어들었다는 건 알고 있었지만, 내 코가 석자다 보니 아이 마음을 받아주고 공감해줄 만한 여유가 없었다. 부쩍 말수가 적어지고 친구들과 어울리는 시간이 길어지는 건 사춘기에 겪는 자연스런 현상이라 생각하고 크게 걱정하지 않았다. 간혹 나 몰래 어른들이 신는 구두나 옷을 사온다는 것도 알았지만 모른 척 하고 아무런 말도 하지 않았다.

그러던 어느 날 우연히 아이의 책상 위에 놓인 일기장을 보게 되었다. 일기장에는 욕설이 난무했고 세상에 대한 분노가 고스란히 표현되어 있었다. 심장이 덜컥 내려앉았다. 아이는 내가 모르는 사이 견고한 비밀의 성을 쌓고 있었다. 눈물이 핑 돌았다. 학교에서 내가 하는 일이 마음이 아픈 아이들을 어루만져 주는 일인데, 정작 내 아이 마음이 이렇게 고통스러운 것은 몰랐던 것이다. 아이에게 너무나 미안했다.

큰아이와 둘째가 터울이 많다 보니, 그동안 작은 아이를 돌보기 바빠 항상 큰아이에게 손이 덜 갔다. 큰아이는 이미 다 컸다고 생각하고 관심에서 저만치 밀어놓고 있었다. 엄마의 사랑과 관심이 부족하다고 느낀 아이는 억압된 분노를 일기장에 마구 쏟아부은 것이었다.

다행히 위기의 순간을 포착한 나는 큰아이에게 꾸준히 마음을 담은 편지를 쓰며 다가가려고 노력했다. 내가 손을 내밀자 아이도 조금씩이지만 마음의 문을 열기 시작했다. 이 과정은 아이가 고등학교를 졸업할 때까지 계속되었다. 격심한 사춘기의 통증을 겪은 아이와 나는 둘 다 한층 성숙해진 모습으로 다시 태어났다. 이제는 그때의 일을 웃으면서 이야기할 여유가 생겼지만, 당시 아파했을 아이 마음을 생각하면 지금도 눈시울이 뜨거워진다.

십대는 변화와 혼란, 불균형의 시기이다. 하루가 다르게 성장하는 몸과 마음에 아이 스스로도 적응하기 어렵다. 아직 자기조절 능력이 미숙한 아이는 과도한 충동이 힘겹고 스트레스에 취약하다. 인지능력과 신체는 성인에 가까워지고 있지만 정서적·경제적으로는 아직 부모에게 의존할 수밖에 없다. 아이는 불안과 혼란 속에서 부모나 타인과 충돌하고 자신의 내면과 치열하게 싸우며 정체성을 찾기 위해 방황한다.

이런 십대의 방황을 곁에서 지켜보는 부모 역시 힘들고 혼란스럽다. 아이와 소통하고 도움을 주고 싶지만 어디서부터 접근해야 할지 모른다. 예전에 통하던 훈육법도 소용이 없다. 꾸짖고 야단치면 반항이 돌아오고, 내버려두자니 혹시 엇나갈까 두렵다.

그러나 복잡하기만 한 사춘기에도 해법은 있다. 부모가 십대 시절 겪었던 사춘기를 돌아보고, 다른 부모와 자녀들이 겪고 있는 사춘기를 살펴보면 좌충우돌하는 아이의 행동에도 이유가 있다는 것을 알수 있다. 교육학자들과 심리학자들도 사춘기 아이들을 이끌어가기 위한 명쾌한 해법들을 제시하고 있다. 부모에게 필요한 것은 아이의 변화를 따라가기 위한 조금의 공부다. 아이들이 마주한 새로운 환경을 알고, 심리적인 문제들을 이해하면 지금 아이에게 무엇이 필요한지도 알 수 있다.

신경과학자 B. J. 케이시는 사춘기를 문제로 바라보지 말라고 말한다. "우리는 사춘기를 하나의 문제로 생각하는 관점에 익숙하다. 그러나 이 시기는 정말 특별하다. 사춘기는 제 구실을 다하는 적응기이며, 아이들이 그 시기에 해야 할 일을 해내기 위해 반드시 필요한 과정일 뿐이다."

인생이란 위기와 갈등이 있고 시련을 겪게 마련이다. 부모들 역시 인생을 돌아보면, 긴 인고의 시간을 거쳐서 지금의 자신이 있음을 알 것이다. 아이들도 암흑의 시간을 견뎌야 밝은 빛을 맞이할 수 있다. 죽을 만큼 힘든 시기를 잘 견딘 아이들은 타인을 이해하고 배려하고 사랑하는 마음을 가질 수 있다. 암흑의 시기를 지나는 동안 마음이 성장하고 삶이 더욱 풍요로워진다. 서양 속담에도 "사춘기를 사춘기 때 겪지 않으면 언제라도 다시 온다. 죽을 때까지 오지 않으면 관 속에서라도 온다."는 말이 있다. 사춘기는 성장의 다음 단계로 나아가기 위해 반드시 겪어야 하는 과정이다. 오히려 방황해야 할 시기에 방황하는 것을 다행으로 여겨야 한다. 그렇지 않으면 엉뚱한 시기에 방황하느라 인생의 귀한 시간을 낭비할지도 모른다.

상담교사로서 학교에서 아이들을 만나고, 세 아이를 키우면서 무수

한 아이들의 사춘기를 지켜보았다. 사춘기를 유독 힘들게 지내는 아이가 있는가 하면 비교적 무난하게 넘기는 아이도 있었다. 저마다의 기질과 성격에 따라 사춘기를 받아들이는 것도 서로 달랐다. 하지만 힘든 사춘기를 무사히 건넌 아이들은 한층 성숙해지고 여유로워진다. 시간이 흐르면 넘치는 에너지의 발산도 서서히 줄어들고 현실이라는 무대에서 자신만의 무게중심을 잘 잡아간다. 고등학교 3년 내내 말썽을 피우며 상담실을 제집처럼 드나들던 아이들도, 졸업 후에는 문제 학생이라는 딱지를 떼고 늠름한 모습으로 나를 찾아왔다.

누구에게나 십대는 어렵다. 사춘기 아이들은 마음의 구조가 뿌리째 흔들리는 내면의 지진을 경험한다. 흔들리는 것만 생각하면 위기일 수 있지만, 마음의 구조를 재정립하고 다듬는 시간이라는 점에서는 또 다른 기회다. 사춘기에 청소년들은 자신을 이해하고 자아 정체감을 확립한다. 미래에 자기 자신이 무엇을 할 수 있는지 고민하고 탐색하며, 타인에게 의지하지 않고 스스로 의사 결정을 할 수 있는 가치관과 자신감을 형성한다.

이 시기에 부모는 청소년들이 다양한 충동을 수용하고 조절하는 연습을 할 수 있도록 지켜봐주고, 불안이나 혼란에 지지 않도록 심리적 지지대 역할을 해주어야 한다. 진지하게 소통하기 위한 부모의 노력과 애정에 기반한 신뢰가 있다면 위기의 십대도 행복한 성장의 시간이 될 수 있다.

청소년은 앞으로 살아가는 동안 다양한 변화를 겪을 것이다. 쉽고 즐겁지만은 않은, 때로는 힘든 과정 속에서 차근차근 세상에 적응하며 자신만의 삶을 만들어나간다. 그 과정에서 부모의 사랑과 지지는 아이들이 계속 도전하고 성장할 수 있는 동력이 되어준다. 부모 노릇에 정답이 없다지만, 아이를 이해하고 더 잘 사랑하기 위해 노력하는 마음만 있다면 좋은 부모가 되기란 어렵지 않다.

2015년 12월 20일

최영인

차례

2장
쉽고도 어려운 십대 이해하기

3장
아이의 마음을 여는 공감대화

4장

좋은 부모를 위한 십대 부모 수업

5장

내 아이는 어떤 부모를 원할까

6장

아파하는 십대 감싸안기

1장
아이가 부쩍 낯설어질 때

아이가 부쩍 낯설어질 때

"아이가 말수가 너무 없어졌어요. 무슨 생각을 하고 사는지 아이 머릿속을 들여다보고 싶을 때가 한두 번이 아니에요."

"이제 고등학생이 되었으면 목표를 세워야 하는 것 아닌가요? 하고 싶은 게 뭔지, 커서 뭐하고 싶은지 물어도 모르겠다 소리밖에 안 하니까 너무 답답해요."

"아이가 남자친구가 생겼는지 부쩍 외모에 관심이 늘었어요. 아이가 늦게 들어오는 날이면 혹시 무슨 일이라도 생길까 불안해서 올 때까지 문 밖에서 기다려요."

누구나 겪는 사춘기이지만 내 아이만은 비켜갔으면 하는 바람을 한 번쯤은 가져봤을 것이다. 그러나 그런 바람도 소용없이, 아이가 사춘기에 접어들면 모든 상황은 급변하기 시작한다. 아이는 시도 때도 없이 화를 내고 반항하며 감정을 폭발시킨다. 엄마가 방에 들어왔다고 다짜고짜 화를 내는가 하면, 말 한마디 했을 뿐인데 간섭하지 말라고 퉁명스럽게 쏘아붙인다. 몸이 커졌고 힘도 세졌다. 저러다가 사고라도 치는 건 아닐까 싶어 불안하고, 가끔은 저 애가 내 아이란 사실이 믿어지지가 않는다.

온순하고 착한 아이의 모습은 온데간데없고 대신 반항적이고 변덕스러운 십대 자녀를 맞이한다는 것은 아무리 부모라도 쉬운 일이 아니다. 살갑기만 하던 아이는 어느 순간 범접할 수 없는 성처럼 견고하게 벽을 쌓고 부모의 출입을 허락하지 않는다. 부모들은 아이의 갑작스런 변화가 낯설기만 하다. 매일매일 아이와의 전쟁에 지칠 때면 포기하고 싶은 마음마저 생긴다.

그러나 불안하고 당황스러운 것은 아이 역시 마찬가지다. 발달심리학적 관점에서 보면 사춘기의 기본 정서는 두려움이다. 인간이 가장 두려움을 느낄 때는 예측할 수 없는 상황에 처했을 때라고 한다. 아이들은 부모에게서 독립하여 세상 밖으로 나아가야 하는 시점에 이르렀다. 그런데 그 길은 한 번도 가보지 않았고 경험해보지 못했던 미지의 세계이다. 예측할 수도 통제할 수도 없는 미래 앞에 놓인 아이들은 불안하고 혼란스럽다. 갑작스런 신체의 변화와 시도 때도 없이 변덕을 부리는 감정 변화도 낯설다. 독립하여 자신만의 정체성을 갖기를 원하고, 부모에게서 점점 거리를 두고는 있지만 아직 홀로 설 만큼 확고한 가치를 확립한 것은 아니다.

그 두려움, 불안함, 우울함, 외로움을 다 겪어내면서 아이는 독립적인 인간으로 서기 위한 준비를 한다. 사춘기 아이들은 미숙하고 생각 없이 행동하는 것처럼 보이지만 그러면서도 한편으로는 자신의 정체감을 형성하는 과정에 있다. 말과 행동이 일치하지 않고 혼란스러운 모습을 보이기도 하지만 생각은 조금씩 성숙해진다.

이러한 전환기에 사춘기 아이들의 변화를 긍정적인 방향으로 이끌어주는 것은 부모의 몫이다. 사춘기의 변화를 부모가 먼저 이해하고, 관심과 사랑으로 아이의 변화를 관찰하고 받아들여주어야 한다. 불안하고 막막한 마음을 부모가 이해하고 어루만져줄 때 아이는 사춘기의 길고 힘든 터널을 안전하게 빠져나올 수 있다. 어느새 부쩍 자란 아이의 모습을 보면 부모의 불안한 물음표는 어느새 대견한 느낌표로 바뀌어 있을 것이다.

사춘기의 뇌는 공사중이다

십대 아이들은 면허도 없이 오토바이로 위험천만한 질주를 하는가 하면 귀와 몸 곳곳에 구멍을 뚫기도 한다. 하루에도 열두 번씩 기분이 바뀐다. 부모의 조언이나 보살핌도 무작정 거부하고 짜증을 부리거나 화를 낸다. 왜 이런 일들이 일어나는 걸까?

1991년 미국의 소아정신과 의사인 제이 기드는 미국 국립보건원에서 일하면서 수천 명의 십대 아이들을 대상으로 뇌 자기공명영상(MRI)을 촬영했다. 한 아이마다 60달러의 참가비를 지불하면서 수년간 지속된 이 대형 프로젝트는 수천 명의 십대를 뇌과학적인 관점에서 살펴보았다. 실험 결과는 놀라웠다. 십대의 뇌에서는 제2의 탄생기라 할 만큼 엄청난 발전과 변화가 이루어지고 있었다. 다양한 정보를 빨리 받아들이고 처리할 수 있게끔 폭발적으로 뇌가 성장하고 있었다. 십대들이 어른들과 다른 눈으로 세상을 보는 것은 뇌가 재구조화를 일으키면서 대대적으로 변화하고 있기 때문이었다.

충동적이고 무계획적인 행동도 뇌가 변화의 과정 중에 있기 때문이다. 정신적인 측면에서, 어른이 된다는 것은 충동을 자제할 줄 알고 미래를 계획하며 자기 행동에 대해 책임지는 능력을 획득한다는 것을 의미한다. 이는 전두엽이 성숙해져야만 가능하다. 전두엽이란 뇌의 가장 앞쪽에 자리 잡은 부위로, 어떤 일을 하기 전에 먼저 생각하고 합리적으로 판단하는 기능을 한다. 생각과 이성의 뇌이자, 인간을 인간이게 하는 기능을 한다고 할 수 있다.

전두엽은 십대가 되어서야 비로소 발달하기 시작한다. 그러나 발달이 시작된다고 해서 하루아침에 다 자라는 것은 아니다. 학자들에 따르면 20대 중후반은 되어야 전두엽이 완전히 성숙해서 계획, 조절, 판단 등의 기능이 온전히 작동한다고 한다. 그러므로 청소년기에는 아직 의사결정이 미숙하고 상황 판단을 제대로 하지 못한다. 특히 미리 결과를 예측해서 합리적으로 결정하고 계획대로 행동하는 것은, 전두엽의 주요 기능인만큼 사춘기 아이들에게는 어려울 수밖에 없다.

전두엽이 미숙한 대신, 십대의 뇌는 감정 중추인 뇌간과 대뇌변연계의 지배를 받는다. 뇌간은 다른 말로 원시뇌라 하는데 원시시대부터 스스로를 보호하기 위해 발달된 부분이다. 대뇌변연계에 존재하는 편도체는 소리와 냄새, 이미지와 같은 정보를 분석하여 주위의 위험을 알아차리고, 공포와 분노 등 즉각적인 행동을 일으키는 감정을 촉발시켜 위험에서 몸을 보호하는 역할을 한다.

이성적이고 합리적인 전두엽 대신 편도체가 활성화되면 사람은 공격적이고 감정적으로 변한다. 뇌의 감정 영역을 사용해서 상황을 해석하기 때문에 부모의 말도 쉽게 오해한다. 엄마는 "이제 곧 시험인데 게임 그만 하고 공부도 좀 해야지."라고 말을 건네면서 '시험'과 '공부하자'는 메시지가 전달되기를 기대한다. 그러나 아이는 엄마가 자신의 잘못을 지적하고 공격한다고 받아들이고 부정적인 감정부터 느낀다. 곤두선 감정은 "엄마는 내가 하는 건 뭐든지 못마땅하게만 생각해. 제발 나를 좀 내버려두면 좋겠어."와 같은 생각을 불러일으킨다.

편도체의 이러한 특성으로 인해 사춘기 아이들은 질풍노도의 감정을 경험한다. 도대체 어느 장단에 맞추어야 할지 모를 정도로 감정의 널을 뛰는 아이들을 감당하기란 쉽지 않다.

《몰입》으로 유명한 미하이 칙센트미하이 교수가 1970~80년대에 흥미로운 연구를 했다. 사춘기 아이들에게 호출기를 주고 잠자는 시간을 빼고 무작위로 하루에 열두 번 정도 연락을 해서 지금 무엇을 하고 있고 기분이 어떤지를 적게 하는 실험이었다. 그 결과 청소년들은 10분, 15분 만에도 감정이 크게 변하는 것으로 밝혀졌다. 기분이 굉장히 좋았다가도 몇 분 만에 굉장히 나빠지기도 했다. 사춘기의 감정은 기복이 심하고 조절하기 힘든 것이 정상이라는 이야기다.

또한 십대들은 타인의 감정 표현을 잘 구분하지 못한다. 한 연구에서 사람의 얼굴 사진을 보고 십대들에게 그 표정을 읽게 했다. 공포에 질린 얼굴, 슬픔에 찬 얼굴, 분노한 얼굴, 놀라는 얼굴을 보여주었는데 어른들과 달리 십대들은 놀라는 표정과 화가 난 표정을 잘 구분하지 못했다. 어른들은 사람의 표정을 읽을 때 이성적인 뇌인 전두엽을 사용하는 반면 십대들은 원초적인 감정의 뇌인 편도체를 사용하기 때문이라고 뇌과학자들은 설명한다.

큰아이가 중학생이었을 무렵 나와 자주 부딪쳤던 문제 중의 하나는 방을 정리하고 청소하는 것이었다. 퇴근 후, 아이 방을 들여다 본 나는 경악을 금치 못할 때가 한두 번이 아니었다.

"이제 방 정리 좀 해야지."

"내가 알아서 할 거야. 잔소리 좀 그만해."

"알아서 한다고 한 지 일주일도 더 됐잖아. 도대체 언제 치울 건데?"

"엄마보고 치워달라 소리 안 할테니까, 제발 그만 좀 해요!"

"나도 이제 같은 말 수천 번 반복하기도 지겹다, 지겨워!"

답이 없어 보이던 딸 아이와 나 사이의 언쟁은 아이가 고등학생이 되면서 조금씩 잠잠해졌다. 전두엽이 성장하면서 문제가 자연스럽게 해결되었기 때문이었다.

청소년기의 과격하고 이해하기 어려운 여러 가지 행동 역시 대뇌변연계와 편도체의 특성에서 기인한다. 대뇌변연계는 충동이나 분노, 공포와 같은 강력한 감정을 담당하고, 편도체는 우리가 위험에 봉착했을 때 본능적으로 반응해서 위기에서 탈출하도록 우리를 돕는다. 인간의 본능 중에 가장 강력한 것은 생존의 본능이다. 편도체는 이 생존 본능을 바탕으로 우리의 생명을 위협하는 것을 기억해 두었다가 그 순간을 모면하도록 해준다. 우리가 위험한 상황에 처하면 고등뇌는 잠시 멈추고 편도체가 활성화된다. 예를 들면 힘이 없는 여자라도 강도를 만났을 때 순간적으로 괴력을 발휘해 강도를 제압하기도 한다. 이것은 원시뇌와 감정뇌인 편도체가 한 일이다.

이러한 편도체가 판단을 주도하는 십대의 뇌는 쉽게 자극받고 과잉반응을 하기 때문에 심각한 경우 상황을 최악으로까지 치닫게도 한다. 학교에서 친구가 농담한 것을 자신을 비웃는다고 오해해서 싸우다가 폭력 문제까지 확대되는 경우도 있다. 지나가는 행인이 쳐다보기만 했는데도 기분이 나쁘다고 시비를 붙이거나, 어깨만 스쳐도 자기를 때린 것으로 오해하여 주먹을 휘두르기도 한다. 살인이나 강도, 강간, 상해 등 갈수록 흉악해지는 소년범죄 역시 원인의 일부는 십대의 뇌에 있다. 미국은 지난 2005년 3월 1일 청소년범죄에 대한 사형 제도를 폐지했다. 미국 의학협회에서 발표한 청소년 뇌 발달에 대한 연구결과를 근거로, 십대들은 성인과 같은 뇌를 가지고 있지 않기 때문에 성인과 같은 벌을 받을 수 없다고 판단한 것이다.

아이들이 돌발행동을 벌이고 감정을 조절하지 못하는 것은 비뚤어졌거나 반항심 때문이 아니다. 발달의 도중에 있는 아이들의 뇌신경학적인 문제다. 시간이 지나고 전두엽이 완전히 성숙되면 성인처럼 생각하고 행동할 수 있게 된다. 쉽게 말하자면 철이 드는 것이다. 부모는 이를 이해하고 편안한 마음으로 기다려줄 필요가 있다. 성인의 잣대로 아이들에게 억지로 조숙을 강요해서는 안 된다.

성장 도중의 뇌는 엄청난 가능성을 가지고 있지만, 그만큼 불안정하고 환경에 취약하다. 청소년기와 성인 초기에 이르기까지 우리의 뇌에서는 신경망의 가지치기가 일어나, 자주 사용하는 신경망은 발달하고 쓰이지 않는 신경망은 사라진다. 이 시기에 게임만 하고 다른 신경망을 거의 쓰지 않았다면 게임에 사용한 신경망, 즉 과몰입 관련 신경망은 살아남지만 다른 뇌신경망은 사라진다. 다시 말해 십대는 엄청난 양의 정보를 받아들일 수 있는 시기인 동시에 많은 것을 잃어버리기도 하는 시기이다. 따라서 청소년기에 뇌의 어떤 부위를 사용하느냐는 매우 중요한 의미를 갖는다. 무엇을 생각하고 느끼느냐에 따라 자신의 뇌를 새롭게 창조할 수 있는 것이다. 그러므로 이 시기에 부모는 아이들이 신체적, 지적, 정신적으로 다양한 체험을 할 수 있도록 도와주어야 한다. 또한 큰 변화를 겪고 있기 때문에 사춘기의 뇌는 자주 피곤하다. 건강한 뇌 발달을 위해서는 아이들의 뇌를 충분히 쉬게 해주는 것이 무척 중요하다.

부모가 십대들의 뇌에서 일어나는 변화에 대해 미리 알고 친숙해질수록 자녀의 사춘기를 편안하게 받아들일 수 있다. 준비된 부모가 안정된 가교 역할을 해줄 때, 아이는 발달의 과정을 자연스럽게 넘기고 건강한 성인으로 성장한다.

십대의 우주는 '지금, 나'를 중심으로 돈다

발달심리학자 데이비드 엘킨트는, 사춘기 아이들은 자신만의 독특한 세계와 타인의 보편적인 세계를 구분하지 못하는 특성을 가지고 있다고 말했다. 그들은 자신이 특별한 존재이고 우주의 중심이라고 생각하는 강한 자의식을 보인다. 이러한 자아중심성을 엘킨트는 '상상적 청중'과 '개인적 우화'라는 두 가지 특징으로 나누어 설명하고 있다.

미용실에 갔다 온 둘째 아이의 표정이 심상치 않다. 잔뜩 화가 나서 볼이 퉁퉁 부어있다.

"너 왜 그래? 무슨 일 있었어?"

"머리를 너무 짧게 잘랐잖아. 내가 원한 건 이런 게 아니었는데."

"왜? 이쁘기만 한데. 단정하고 깔끔하고."

"내일 학교 가면 다 이상하게 쳐다볼 거야."

"누가 쳐다본다는 거야?"

"다 쳐다본다니까! 엄마는 알지도 못하면서!"

아이는 방문을 쾅 닫고 들어가버린다.

사춘기 아이들은 모든 사람들이 자기만을 보고 있다는 착각에 빠져 상상의 청중을 의식하면서 살아간다. 자기도취적이고 변덕스러우며, 요란한 옷차림을 하고 다니면서 자신이 매력적이라고 믿는다. 어른들이 자신의 옷차림을 못마땅해 하는 것을 이해하지 못하는 것도 이 때문이다. 상상의 청중을 의식하기 때문에 외모에 신경을 쓰고 작은 것 하나에도 매우 민감하게 반응한다. 그래서 타인이 절대 눈치채지 못할 단점이나 작은 실수에도 전전긍긍하며 애를 태우고 아침마다 거울공주가 된다.

이런 특성은 당장 고쳐야 할 문제점이 아니라 자아를 확립해나가기 위한 자연스러운 과정이다. 사춘기 아이들과 원만한 관계를 유지하고 싶은 부모라면 이러한 자녀의 자아중심성을 이해하고 자녀의 편이 되어주어야 한다. 사랑과 인정을 받고 자라서 부모와 수용적이고 애정어린 관계를 유지하는 아이들은 자아중심성이 낮게 나타난다고 한다.

개인적 우화는 사춘기 자신의 독특성에 대한 비합리적이고 허구적인 관념을 말한다. 자신의 감정과 사고가 너무나 독특해서 다른 사람들은 절대 이해할 수 없으며, 자신이 매우 중요한 인물이라고 믿는다. 위험이나 죽음과 같은 나쁜 일이 자신에게는 결코 일어나지 않을 것이라고 생각하기도 한다. 매사에 자신을 주인공으로 생각한다는 점에서 우화(寓話, fable)라고 한다.

학교에 근무하면서 1년에 한 번 이상 오토바이 사고로 인한 비보를 접하게 된다. 오토바이 사고는 그 특성상 사망이나 전신마비 등의 치명적인 결과를 초래하는 경우가 많아서 사고 소식이 들릴 때마다 안타까운 마음이 들지만, 해마다 사고는 어김없이 찾아오곤 한다.

개인적 우화가 심해지면 자신의 영속성과 불멸성을 믿게 되어 과격한 행동에 빠져들게 된다. 헬멧도 쓰지 않은 채 죽음의 질주를 하거나 깊은 강에서 수영을 하는 아이들은 자신에게만은 사고가 나지 않거나, 사고가 나도 자신은 다치지 않을 것이라는 신화 같고 비합리적 생각을 갖고 있다. 음주, 흡연, 폭주, 약물 등 파괴적 행동을 해도 자신에게는 결코 부정적인 결과가 일어나지 않는다고 생각한다.

다행히 이러한 성향은 아이들이 성장 과정에서 타인의 실체를 인식하고 현실 검증 능력이 생기면 저절로 사라진다.

사춘기 아이들은 장기적인 결과를 예상하고 준비하는 능력이 부족하다. 자신도 언젠가 부모처럼 나이가 들거나 노인이 된다는 것을 잘 상상하지 못한다. 오죽하면 '중학생의 미래는 학교가 끝나는 오후 3시'란 말이 있겠는가.

이렇게 시간 조망이 짧기 때문에 학생 때 공부하지 않으면 나중에 고생한다거나, 지금 열심히 하지 않으면 평생 후회한다는 부모의 말을 이해하기 어렵다. '가난한 인생'이나 '불안한 미래'와 같은 추상적인 말은 십대들에게 아무런 영향도 미치지 못한다. 음주와 흡연에 빠져드는 이유도 자신의 행동과 선택이 장기적으로 어떤 결과를 초래할지 제대로 조망하지 못하기 때문이다. 흡연이 건강을 해친다거나, 술에 중독되면 치료센터에 가게 된다는 말이 아이들 귀에는 들리지 않는다.

이렇게 세상이 지금 이 순간, 자신을 중심으로 돌아가는 사춘기에 부모가 자녀의 모습이나 행동을 부정하면 아이들은 당연히 반항한다. 아이의 자기중심적인 특성을 이해하고 받아들여주면서, 눈높이에 맞게 대화할 필요가 있다. 불안한 미래를 이야기하며 아이를 겁주기보다는 차라리 "지금 공부하지 않으면 좋아하는 게임을 할 수 없어."라고 얘기하는 것이 더 효과적이다. 부모가 수용하는 자세를 보이면 아이도 부모의 걱정에 귀를 기울인다. 가장 가까이에 있는 부모와의 소통을 통해 아이는 지나친 자기중심성이나 개인적 우화에서 자연스럽게 빠져나올 수 있다.

독립과 의존 사이를 오가는 자녀

나는 세 아이를 키운다. 아이들은 식성이 저마다 다르듯 사춘기를 맞는 방법도 제각각이었다. 둘째 아이는 웃는 모습과 사랑스런 행동으로 사람들의 사랑을 독차지하는 아이였다. 그러던 아이가 어느 날부터 말수가 줄어들고 얼굴에서 웃음기가 사라졌다. 세상과의 단절을 선언하듯 귀에 이어폰을 꽂고 많은 시간을 혼자서 지냈다. 유난히 아빠를 잘 따르던 아이였지만 아빠에 대한 태도도 예전 같지 않았다. 아빠가 퇴근하고 돌아와도 전처럼 반기는 기색이 없었다.

남편은 서운한 감정을 토로하면서 자신의 마음이 마치 연인을 짝사랑하는 남자의 심정 같다고 했다. 거리를 두고 자식을 바라봐야만 하는 사춘기 부모의 심정은 다들 비슷할 것이다.

태어난 지 얼마 안 된 아기는 엄마에게서 조금만 떨어져도 불안해하며 울음을 터뜨리지만, 유아기에 접어들면 조금씩 엄마로부터 분리

되어 개별적인 존재로 자신을 만들어간다. 이를 분리개별화(separation-individuation)라고 한다. 청소년기에는 여기에서 한 단계 더 나아가 자신이 속했던 가족으로부터 분리되기 시작한다. 정신분석학자 피터 블로스는 이 과정을 두 번째 분리개별화라고 했다. 자녀는 더 이상 부모에게 의지하거나 부모를 자신과 동일시하지 않는다. 유아기의 오이디푸스 콤플렉스나 엘렉트라 콤플렉스를 극복하는 과정에서 부모와 멀어지고 오히려 다른 이성을 동경하고 갈망한다.

아이가 낯설게 느껴지면서 화가 나는 것은 이러한 분리개별화의 과정을 부모가 잘 받아들이지 못하기 때문이다. 갑작스런 아이의 태도 변화에 당황스러움과 섭섭함을 느낀 부모는 아이와의 재결합을 시도하기도 한다. 그러나 아이는 오히려 부모가 사사건건 간섭하고 통제하려 한다고 느끼고 분노한다.

사춘기 자녀를 둔 부모는 이러한 과정을 자연스럽게 받아들이고 상실감을 잘 다스릴 줄 알아야 한다. '우리 애가 벌써 이렇게 컸구나. 이제 서서히 독립을 준비하려고 신호를 보내는구나.'라고 받아들이고 혼자만의 시간을 허락해주어야 한다.

재성이는 아버지의 지나친 간섭과 과잉통제로 우울증을 겪고 있었다.

"아버지, 저 친구 좀 만나고 올게요."

간만에 외출하며 아들이 아버지에게 인사를 한다. 아버지는 다그치듯 묻는다.

"친구 누구?"

"……."

재성이는 가만히 고개를 숙이고 있다.

"왜 말을 못 해? 누구를 만나는지 정확히 말해."

아버지의 닦달이 끝없이 이어진다. 아이는 기분이 상해서 더 이상 아버지와 대화할 마음이 나지 않는다.

상담을 해 보니 아버지는 아이의 문자와 카톡을 수시로 확인하고 있었다. 아이의 친구들에게 전화해서 아이의 행방을 항상 확인하기도 했다. 그러다 보니 재성이는 친구들 사이에서 덜 떨어진 놈으로 낙인 찍혀서 또래관계에도 문제를 겪고 있었다. 아이가 다 컸는데도 물가에 내놓은 어린아이를 보듯 불안해했던 재성이 아버지는 자신의 불안 때문에 아이의 심리적 독립을 가로막고 있다는 사실을 몰랐다.

사춘기에 들어서면서 아이는 독립과 의존 사이에서 줄타기를 시작한다. 아이들은 부모로부터 독립하지 못할까 두렵고, 한편으로는 부모에게서 멀어지면 사랑받지 못할까 두렵다. 독립하고 싶은 반면 부모의 사랑도 놓치고 싶지 않은 것이다. 부모와의 거리두기에서 비롯되는 죄책감과 허전함을 달래기 위해 십대들은 또래집단과 어울리기 시작한다. 친구들과 어울리는 시간이 길어지면 부모는 불안하고 조급한 마음에 아이를 친구에게서 떼어놓으려고 한다. 하지만 친구와의 교제는 청소년기의 중요한 발달과업 중 하나이다. 부모와 지나치게 밀착된 아이는 또래집단과 잘 어울리지 못하고, 부모에게 의존하게 되어 청소년기의 발달과업을 제대로 완수하기 어렵다.

성인으로서의 삶을 위해 독립을 준비하는 십대 아이들은 끊임없이 부모에게서 멀어지려 시도한다. 이때 부모 역시 아이를 독립시킬 마음의 준비를 하고 거리두기를 시작해야 한다. 방관하거나 관심을 두지 말라는 얘기가 아니다. 아이에게 개입하고 간섭하는 것을 자제하고, 적당한 거리를 유지하면서 지켜보라는 말이다. 청소년기의 아이는 부모에게서 독립하려는 강한 욕구가 있는 반면 의존하는 마음 역시 크다. 의존이냐, 독립이냐라는 갈등을 반복하면서 성인이 되기 위한 준비를 하고 있는 아이들을 위해 부모는 가정이란 울타리를 융통성 있게 조절하는 지혜를 발휘해야 한다.

쇼펜하우어의 '고슴도치 딜레마'라는 우화가 있다. 어느 겨울날 고슴도치 형제는 서로를 껴안아 그 체온으로 추위를 이겨내려 했다. 하지만 서로 가까이 다가가자마자 가시에 찔려서 떨어져야 했다. 고슴도치들은 여러 번의 실패 끝에 추위도 녹일 수 있고 상처도 입히지 않을 적당한 거리를 찾고서 그 거리를 유지하면서 한겨울의 추위를 이겨냈다. 부모와 자녀 사이도 마찬가지다. 정서적으로 너무 멀리 떨어져 있으면 자녀는 부모의 사랑을 느끼지 못한다. 반대로 지나치게 밀착되면 부모의 관심이 집착과 구속으로 작용한다. 부모는 자녀가 독립성을 갖도록 자유와 통제 사이에서 적절한 균형을 유지해야 한다. 존중의 거리를 확보할 수 있을 때 자녀의 성장이라는 아름다운 결실을 얻을 수 있다.

동남아시아 원주민들은 독특한 방법으로 원숭이를 사냥한다고 한다. 이들은 바나나를 넣은 조그만 상자에 원숭이 손이 들어갈 만한 구멍을 뚫어서 덫을 놓는다. 원숭이는 바나나를 잡기 위해 구멍에 손을 넣지만, 바나나를 움켜쥔 채로는 좁은 구멍에서 손을 빼지 못한다. 만일 원숭이가 바나나를 잡은 손을 놓으면 원숭이는 바로 자유로워질 수 있다. 하지만 열이면 열 모든 원숭이는 바나나를 잡은 손을 놓지 않아 사냥꾼에게 잡힌다. 잡힌 원숭이는 동물원에 보내지기도 하고, 요리감으로 팔려가기도 한다.

사춘기는 제2의 탄생기이다. 부모로부터 독립하려는 자율성이 극대화되는 시기이다. 바나나에 집착하는 원숭이처럼 자녀를 움켜쥐고 아이를 통제하는 손을 놓지 않는다면 부모는 심각한 대가를 치르게 될지도 모른다. 아이는 부모의 소유물이 아니다. 독립된 인격체로 인정해줘야 아이도 스스로를 독립적인 존재로 받아들일 수 있다. 존중의 거리두기를 시작해야 할 시점이다.

기질에 따라 달라지는 십대

아이와 충돌하여 상담실을 찾는 부모들 중에는 자녀의 성격에 문제가 있다고 하는 분들이 많다. 사춘기가 되면서 아이가 너무 무뚝뚝해져서, 소심해져서, 고집이 세져서, 한마디로 '나쁜 성격'이 되어서 큰일이라고 한탄한다. 고쳐주려고 노력했는데 잘 되지 않았다고도 덧붙인다. 하지만 부모의 걱정과 달리 전문가들은 좋은 성격과 나쁜 성격이란 존재하지 않는다고 한결같이 말한다. 성격이 좋고 나쁘다는 말은 상대적이어서 상황에 따라 얼마든지 달라지기 때문이다.

인간은 서로 다른 기질적 특성을 가지고 태어난다. 각각의 기질은 좋고 나쁜 것이 아니라 서로 다를 뿐이다. 자녀의 성격을 바꾸고 싶어 하는 부모의 심리 이면에는 자녀에 대한 부정적인 평가가 숨어 있다. 아이의 모습을 고쳐야 할 나쁜 성격이라고 본 것이다. 이런 시선을 받고 자란 아이는 성격뿐 아니라 자신 자체가 부정적인 존재라고 느끼고 자존감을 잃을 가능성이 높다. 평소 부족하다고 생각했던 아이의 말과 행동이 정말 고쳐야 할 문제점에서 비롯된 것인지, 혹시 아이의 고유한 특성을 단점으로 보고 있는 건 아닌지 생각해 보아야 한다.

특히 아이뿐만 아니라 부모도 서로 다른 기질을 타고난다는 것을 인식해야 한다. 양육자의 기질이 자녀와 많이 다르면 갈등의 소지도 커지고 서로 이해하기도 어렵다. 서로 다름을 인식하는 것이 자녀를 바로 이해하는 출발점이 될 수 있다.

큰아이가 사춘기가 되면서 아이와 나 사이에는 충돌이 부쩍 늘었다. 말 잘 듣고 시키는 대로 잘 하던 아이가 언젠가부터 반항적인 태도와 말투로 대들었다. 내가 뭐라고 하면 자신만의 논리로 반박하기 일쑤였다. 설상가상으로 혼자 무엇을 하는지 밤늦게까지 잠을 자지 않다가 아침에 일어나지 못하는 아이를 깨우는 일이 늘어나자 나의 인내심은 한계에 달했다.

도저히 아이를 이해할 수 없어 답답해하던 차에 심리검사 연구소의 교육에 참가하여 성격유형에 대해 공부할 기회가 생겼다. 그 내용을 바탕으로 이해한 아이의 성격은 그동안 내가 알고 있던 아이 모습과는 거리가 멀어도 한참 멀었다. "내 아이 성격은 내가 잘 안다."고 말하면서도 아이에 대해 잘 모르는 경우가 의외로 많은데, 내가 그런 상황이 될 줄은 미처 몰랐다.

성격 차이를 이해하는데 널리 사용되는 MBTI 성격유형검사는 에너지의 방향, 인식과정, 판단과 결정과정, 생활양식에 따라 사람의 성격을 분류한다. 이 분류에 따르면 나는 직관적 감정형(NF) 기질이 두드러진 편이었다. 이 유형의 기질을 가진 사람들은 예술적인 감수성과 예민함을 타고났으며 감성을 통해 세상을 바라본다. 이성과 논리를 앞세우는 것을 차갑다고 느끼고, 자신에 대한 타인의 평가를 직관적으로 알아차린다.

반면 큰아이는 직관적 사고형(NT) 기질을 타고났다. 논리적이고 이성적이며 자신만의 영역이 뚜렷했다. 자존심에 상처를 입거나 자신의 영역을 침해받는다고 느낄 때면 뚜렷하게 선을 긋는 아이 앞에서, 나 같은 감정형 기질의 사람은 쉽게 상처를 받는다. 자식인데도 큰아이를 대하기 어려울 때가 많았던 것은 그래서였다.

감정형 엄마와 사고형 아이 사이에는 큰 간극이 있었다. 아이는 사춘기가 되면서 문제가 생긴 것이 아니라 부모와 차이가 생긴 것이었다. 이를 이해하지 못한 채 평행선만 걸어온 것이 충돌의 원인이었다.

이 차이를 극복하는 데에는 엄마인 나의 노력이 많이 필요했다. 관계 개선을 위해 지속적으로 노력하면서 양육 방식에 있어서는 최대한 아이에게 맞추었다. 아이의 세계를 가능한 한 존중했고 말을 듣지 않을 때는 차근차근 논리적으로 설명했다. 아이의 말이나 행동이 차갑게 느껴져도 방식이 다른 것이라고 여기고 상처받지 않으려고 했다. 그동안 어긋난 틈을 메우기가 쉽지는 않았지만, 긴 인내의 시간을 견딘 결과 아이와 나의 관계는 예전 모습을 되찾을 수 있었다. 서로의 기질을 이해하고 나 스스로를 조정하자 아이와의 갈등도 해소된 것이다.

이때의 경험은 부모 역할이 사랑만으로는 부족하다는 것을 알려주었다. 아이의 성장 과정에 대해 지식과 이해를 갖춘 준비된 부모가 되어야 시행착오를 덜 겪으면서 지혜롭게 아이를 키울 수 있다. 누구 닮아서 애가 저러는지 모르겠다는 생각이 들고, 아이를 어떻게 대해야 할지 난감하다면 심리검사를 통해 아이의 기질과 성격을 파악해 보는 것도 좋은 방법이다. 자녀를 더 많이 이해하게 되면 사랑도 깊어진다.

내향성과 외향성도 아이의 기질을 구분하는 대표적인 기준이다. 흔히 외향적이라야 사회생활을 잘 한다고 여기고 내향적인 성격을 고치려 하는데, 이 역시 기질에 대한 오해에서 비롯한 것이다. 내향성과 외향성은 타고나는 것으로 쉽게 바뀌지 않으며, 각각 장점과 단점이 다르다. 정신분석가 마틴 레이니는 내향성은 깊이 있게 정보를 처리하고, 창의적이고 자기 성찰적이며 융통성 있고 책임감 있는 성격이라 규정했다. 외향적인 사람의 눈에는 내성적인 사람들이 사회성이 없고 답답하게 느껴질 수도 있지만, 내향적인 아이는 깊이 몰입하고 자기 일에 열중하는 집중력이 외향적인 아이들보다 뛰어나다. 부모에게 필요한 것은 아이의 성향을 바꾸려는 노력이 아니라 각각의 특성을 이해하고 존중하는 것이다.

아이의 기질과 성향을 이해하고 나면 그에 맞는 양육 환경을 제공해 주는 것이 바람직한 부모의 역할이다. 아이가 여럿이라면 각각의 기질에 따라 교육 방침을 바꾸는 유연성도 필요하다.

큰아이와 함께 피아노 학원에 다니던 둘째 아이가 어느 날 갑자기 학원에 가지 않겠다고 고집을 피웠다. 학원 선생님이 무조건 싫다는 것이었다. 큰아이에게 물어보니 선생님이 피아노는 잘 가르치시는데 성격이 무뚝뚝한 편이라 아이들을 살갑게 대하지는 않는다고 했다. 큰아이는 탐구형이고 둘째 아이는 사회형이라는 홀랜드 홍미유형검사• 결과가 떠오른 나는, 다음날 바로 둘째 아이의 학원을 옮겨주었다.

큰아이는 사고와 아이디어를 중시하는 전형적인 탐구형 기질을 타고났으며 논리적이고 분석적이다. 머리로 납득하지 않으면 마음도 행동도 좀처럼 움직이지 않는다. 내가 무엇을 하라고 해도, 왜 해야 하는지 충분히 납득하기 전에는 따르지 않는다. 대신 납득이 서면 주체적으로 움직인다. 피아노 선생님이 실력이 있다는 점을 이해하고, 성격이 딱딱하기는 해도 배우는 데 지장이 없다고 스스로 판단했기 때문에 선생님의 성격에 영향을 크게 받지 않았다.

반면 사회형인 둘째 아이는 관계를 중시한다. 인간적인 가치를 중요하게 여기고 마음이 따뜻하며 타인의 마음에도 관심이 많다. 정서적인 관계를 중요하게 생각하기 때문에 의사결정을 할 때 상황보다는 사람을 우선에 둔다. 이 유형의 아이들은 관계가 깨지는 것을 두려워하고 주위 환경이 안정되지 못하면 굉장히 힘들어한다. 따라서 이 유형의 아이들에게는 무엇보다도 마음을 편하게 해주는 것이 가장 중요하다.

• 홀랜드 홍미유형검사: 존 루이스 홀랜드 박사의 진로발달 및 선택이론을 바탕으로, 자신이 홍미 있어 하는 직업과 자신의 성향이 잘 맞는지 알아보는 검사이다.

피아노 선생님의 정서적으로 냉담한 반응을 견디기 어려웠던 아이는 피아노에 대한 흥미마저 잃어버리고 있었던 것이다. 다행히 옮긴 학원의 선생님은 둘째 아이와 잘 맞는, 다정하고 친근한 분이었다. 아이가 두말 없이 학원을 잘 다녔음은 물론이다.

역대 노벨상 수상자의 23%, 아이비리그 학생의 30%를 차지하는 유태인들의 교육철학은 '남보다 뛰어나게' 가 아니라 '남과 다르게' 교육하는 것이다. 내 아이가 다른 집 아이들과 똑같이 되기를 바라는 것이 아니라 자신만의 뚜렷한 재능과 개성을 가진, 이 세상에 단 하나뿐인 개인으로 성장하기를 바라기 때문이다.

소아정신과의 세계적인 권위자인 스탠리 그린스펀 교수는 "천성과 교육은 서로 영향을 주고받는다."고 말한다. 많은 과학자들은 경험이 뇌의 구조를 바꿀 수 있다고 믿는다. 기질은 유전적인 영향이 크지만 같은 기질이라도 부모의 양육 방식에 따라 긍정적인 방향으로 발휘될 수도 있고 부정적인 방향으로 발휘될 수도 있다.

주목해야 할 점은 부모가 아이의 기질을 잘 파악하고 그대로 받아들여줄 때 오히려 아이는 기질에 지배되지 않고 긍정적인 방향으로 기질을 다듬어나갈 수 있다는 것이다. 기질에 따라 편안해 하는 행동양식이 있다. 수줍음이 많고 신중한 아이에게는 무엇을 하기 전에 생각하고 준비할 시간을 주어야 하고, 외향적이고 적극적인 아이에게는 다양하고 활발한 활동을 할 기회가 필요하다. 부모가 이런 특성을 이해하고 맞춰준다면 아이들은 안정적으로 성장할 수 있다.

상담심리전문가인 김은희 수녀는 《부모아이 성격궁합》에서 이렇게 말한다. "성격에 관한 이야기를 할 때 흔히 나무를 비유로 들어 설명합니다. 사과나무로 태어났다면 사과나무가 잘 자랄 수 있는 토양과 온도, 영양분이 제공되어야 할 것이고, 배나무로 태어났다면 배나무로 자랄 만한 환경이 주어져야 하지요. 이처럼 성격은 한 사람이 가지고 태어나는 고유한 특성입니다. 성격은 곧 자기만의 개성이고 자아를 이루는 근간이 됩니다. 본성이라는 뿌리가 알맞은 토양에 제대로 자리를 잡아야 자기답게 잘 자랄 수 있겠지요." 아이의 기질을 인정하고 긍정적인 면을 살리는 양육태도는 까다로운 기질의 아이라도 조화로운 성격으로 발전할 수 있도록 한다.

세 아이를 키우면서 나는 비로소 진정한 어른이 되었다. 기질과 성격이 각각인 아이들이 날마다 펼쳐놓는 다양한 세상 속에서 아이들이 건강하고 바르게 자랄 수 있도록 온갖 노력을 기울였다. 내가 원하는 기질과 성향이 아니라고 아이 본성에 맞지 않는 방향으로 끌고 가서는 곤란하다. 아이의 타고난 기질과 성향 중에서 변화가 가능한 것과 불가능한 것을 구분하고 이를 받아들여야 한다. 내 아이의 성격이 마음에 들지 않는다고 바꾸려는 것은 장미에게 백합이 되라고 하는 것과 마찬가지다. 장미는 백합으로 살아갈 수 없다.

사춘기의 진통이 자녀를 성장시킨다

학교에서 돌아온 아이의 표정이 어둡다. 걱정스런 마음에 대화를 시도한다.

“너 학교에서 무슨 일 있었니?”

“몰라.”

“그런데 표정이 왜 그래? 말을 해 봐.”

“…….”

“말을 해야 알지. 도대체 왜 그러는데?”

아이는 침묵으로 일관하며 들어가 버린다. 방문 닫히는 소리에 엄마 가슴이 철렁 내려앉는다.

사춘기가 되면서 아이의 말수가 줄어들고 부모와는 아예 대화를 하지 않으려 한다고 호소하는 부모가 많다. 아이의 침묵시위에 부모는 어찌할 바 모르고 답답해 하지만 닫힌 문 만큼이나 꽉 다문 아이의 입은 좀처럼 열리지 않는다.

사춘기의 발달과업은 정체감 형성이다. 나는 누구인가? 앞으로 어떻게 살 것인가? 어른에게도 쉽지 않은 근본적인 물음을 던지고 답을 찾아가는 시간이 사춘기다. 그래서 아이들은 혼자만의 공간과 시간이 필요하다. 사춘기의 침묵을 자연스러운 것으로 받아들이고 아이에게 생각할 시간과 여유를 주는 것이 좋다. 부모는 다가가서 해결해주고 조언을 해주고 싶겠지만, 무리하게 소통을 시도하는 것은 역효과다. 아이들은 부모가 자신을 존중하지 않고 참견한다고 여겨 오히려 상처만 받고 마음의 빗장을 더욱 꼭 잠근다. 야단치고 몰아세우기보다는 이해하고 기다려주면서 따뜻한 가슴으로 품어주는 부모를 아이들은 바란다.

물론 이 시기에도 소통과 대화는 필요하다. 무작정 강요하는 것이 아니라 아이의 의향을 수용하면서 대화의 창구를 만들어가면 된다. 주기적으로 가족 여행을 가거나 하루 중 정해진 시간에 가족과 대화한다는 규칙을 만드는 것도 좋은 방법이다. 자연스럽게 가족과 함께하는 시간을 통해 아이는 자신만의 생각에서 빠져나올 수 있다.

한병철 교수의《피로사회》는 우리가 살고 있는 현 시대를 예리한 관점으로 해부한 책이다. 저자는 현대사회를 대표하는 질병으로 우울증, 주의력결핍과잉행동장애(ADHD), 소진증후군 등을 든다. 모두 긍정성 과잉과 자기착취라는 피로사회의 특징과 연결되어 있다. 이들 질병은 바이러스와 같은 외부의 공격에 의한 것이 아니라 개인의 내면에서 비롯한다. 우울증은 더 이상 무언가를 할 수 없을 때 나타나고, 주의력결핍과잉행동장애는 다양한 과업과 정보의 홍수 속에서 한 군데에 초점을 맞추지 못한 채 주의가 산만해지는 형태로 표출된다. 소진증후군은 자신이 쓸 수 있는 모든 자원을 다 사용하여 고갈된 상태에 대한 병리적 진단이다.

어느 날 학교를 가지 않겠다고 선언하는 아이들, 우리 아이는 하고 싶은 게 아무것도 없다고 한탄하는 부모님들을 만날 때마다 피로사회의 병리 속에 깊숙이 빠진 아이들이 걱정스럽기만 하다. 요즘 십대들은 학교로, 학원으로 정신없이 다니느라 혼자서 조용하게 생각할 수 있는 시간이 거의 없다. 성과를 향해 끝없이 압박하기만 하는 사회에서 아이들에게는 편안하게 쉴 수 있는 쉼터가 없다. 부모가 쉼터가 되어주어야 한다.

큰아이는 십대를 보내면서 아무것도 하지 않고 멍하게 지내는 시간이 많았다. 옆 집 아이들은 학원 다니느라 바쁜데 우리 아이는 아무것도 하지 않고 그저 멍하니 시간을 보내고 있으니 속이 타들어가고 답답했다. 하지만 서두르지는 않았다. 이 시간을 잘 버텨내야 더 힘차게 앞으로 나아갈 수 있음을 알았기 때문이다. 효능감 있는 아이로 키우고 싶다면 아이가 헤매고 방황하고 어슬렁거릴 때 견뎌줘야 한다.

상담을 할 때 아이들의 변화를 이끌어내고 행동으로 이어지기까지는 긴 시간이 필요하다. 상담자가 성급하게 문제를 해결하려고 한다면 아이는 오히려 더욱 움츠러든다. 훌륭한 상담자는 내담자와 함께 그 시간을 버텨주는 사람이다.

부모의 역할도 이와 비슷하지 않을까. 아이가 '엄마'라는 단어를 말하기 위해서는 같은 말을 2만 번 이상 들어야 한다고 한다. 아이가 처음 말을 배울 때, 부모들은 지치는 줄도 모르고 아이에게 말을 걸고 아이가 미숙한 발음을 해도 기뻐하며 받아주었을 것이다. 모든 아이들이 부모의 그런 인내와 노력 끝에 '엄마'라는 단어를 배우게 된다.

사춘기 아이가 부모로부터 필요로 하는 것도 이러한 마음이다. 부모가 어떤 상황에서도 믿고 기다려줄 때 아이들은 서서히 변화한다. 잠시 엇나갔던 아이도 부모의 지치지 않는 기다림 속에서 무사히 방황을 끝내고 다시 제자리로 돌아온다. 아무리 거친 파도도 잦아들게 마련이다. 사춘기의 성장통도 언젠가는 지나간다.

2장

쉽고도 어려운 십대 이해하기

쉽고도 어려운 십대 이해하기

"아이 방이 좋아하는 가수 사진으로 온통 도배가 되어 있어요. 콘서트장마다 쫓아다니느라 문제집 살 돈까지 다 써버린 것 같아요. 성적은 계속 떨어지는데 못하게 하면 아이가 삐뚤어질까봐 혼내지도 못하겠어요. 계속 이렇게 두고 봐야만 할까요?"

"글세 다짜고짜 자퇴를 하고 싶대요. 자퇴한 다음에 어떻게 할 건지 그런 생각도 없어요. 무작정 학교를 안 다닌다는데 어쩌면 좋을지 모르겠어요."

많은 부모들이 사춘기 아이들을 이해하는 데 어려움을 겪는다. "내가 저 나이 때는 저렇지 않았다." "무슨 생각을 하는지 도통 모르겠다."며 '요즘 애들'에게 고개를 절레절레 젓는다. 그러나 세대 차이는 어느 시대에나 있었다. 고대 로마의 도시 폼페이에서도 "요즘 애들은 버릇이 없어."라는 낙서가 발견되었다고 하니 '요즘 애들'이란 말은 시대를 뛰어넘는 보편적인 말인 셈이다. 어른들은 아이들의 철없는 행동을 보며 혀를 차지만 사실 그들도 어렸을 때는 그런 소리를 들으며 자랐다. 부모들 눈에 한심해 보이는 것이라도 아이들에게는 중요하고 의미 있는 것일 수 있다. 세대 차이를 '차이'로만 바라보면 자녀와 교감하기 어렵다.

방학 때 아이들을 데리고 친정에 간 적이 있었다. 아이들은 저마다 스마트폰만 쳐다보느라 할아버지, 할머니와 대화할 여유가 없어 보였다. 내가 뭐라고 하자 아이들은 한목소리로 대들기 시작했다. 큰 소리가 나고 감정이 상한 채 대화는 끝났다. 화를 삭이지 못하는 나를 향해 어머니가 말씀하셨다.

"너도 사춘기 때 그랬어. 기억 안 나니?"

순간 당황스러웠다. 부모가 되고 나서 어느새 나의 십대 시절은 까맣게 잊고 있었던 것이다. 생각해보니 나도 사춘기 시절 엄마한테 반항조로 얘기했고 대답이 하기 싫으면 방문을 거칠게 닫고 들어가 버리기도 했다. 도시락을 잊고 집에 두고 온 날 엄마가 교문 앞을 서성거리며 나를 찾는 걸 보고도 못 본 체 했다. 친구들이 없는 걸 확인하고서야 도시락 가방을 사납게 낚아채서 교실로 들어갔다. 지금 생각하면 참으로 철이 없었다.

자신의 어릴 적 경험에 빗대서 아이들을 나무라는 부모들은 스스로 십대 시절을 정확하게 기억하고 있다고 믿는다. 기억 속의 십대 시절을 떠올리며 아이의 행동을 평가하고 비교하고, "엄마가 네 나이 때는 절대 그러지 않았는데."라면서 아이의 행동을 비판한다. 하지만 대부분의 경우 이것은 부모의 착각에 불과하다. 대다수의 부모들은 당시 일어났던 사건뿐 아니라 그때 느꼈던 생각과 감정까지도 왜곡해서 말하곤 한다.

신경과학 및 기억 분야 권위자인 대니얼 샥터는 저서《기억의 일곱 가지 죄악》에서 청소년 시절의 기억이 어떻게 왜곡되는지 밝히고 있다. 샥터와 동료 연구자들은 40대 후반의 남성 67명에게 고등학교 1학년 시절에 대해 질문하고, 그 답을 이들이 고등학교 1학년 때 같은 질문에 답했던 내용과 비교했다. 결과는 참으로 흥미로웠다. 이 남성들이 십대 시절에 대해 기억하고 있는 것들은 당시에 답했던 내용과 거의 맞아 떨어지지 않았다. 34년 전에 체벌을 받았다고 기억하는 사람은 3분의 1에 불과했지만 당시에 그렇다는 대답은 90%에 달했다. 종교가 도움이 됐다고 한 사람은 채 25%가 되지 않았지만 고등학교 당시엔 70%가 도움이 된다고 대답했다. 심각한 기억의 왜곡이 발생하고 있음을 알 수 있다. 시간이 지남에 따라 기억은 희미해지고 부정확해질 수밖에 없음을 인정해야 한다. 그렇지 않고 시대를 운운하고 세대차를 언급하며 아이들과 대화하려고 한다면 아이들과의 거리는 더욱 멀어지게 된다.

많은 부모들이 자신의 십대 시절은 다 잊고 사는 것처럼 행동한다. 부모가 되는 순간 부모 마음은 이해하게 되는 반면, 자녀였던 지난날은 까맣게 잊게 되는 모양이다. 하지만 현명한 부모는 아이를 이해하기 위해 자신을 들여다볼 줄 알아야 한다. 나 또한 쉽지 않은 십대를 지나왔다는 것을 생각하며 '저 나이 때 나는 무슨 생각을 했지?' '그때 부모님은 뭐라고 말씀하셨더라?'라고 한번쯤 자문해 보아야 한다. 비록 기억은 희미해졌을지라도, 자신의 진짜 십대를 기억하면 자녀의 행동이 조금은 이해가 될 것이다.

사춘기 시절, 나는 방향을 상실한 채 파도에 이리저리 떠밀리고 방황하면서 우울한 십대를 보냈다. 내성적이어서 친구가 별로 없었고 마음을 터놓을 수 있는 친구는 더더욱 없었다. 정체감 혼란과 불안한 미래로 고민하면서 내가 선택한 것은 독서였다. 책 속의 세계에서 갈 수 없는 미지의 세상을 꿈꾸고 삶의 여러 가지 질문에 대한 해답을 얻고자 했다. 혼자만의 시공간 속으로 스스로를 유폐시킨 채 은둔형 외톨이 같은 우울한 십대를 보냈다. 당시에는 죽을 것처럼 힘든 시간이었지만, 정체성 확립과 홀로서기를 향한 나만의 외로운 투쟁은 내면을 더 단단하게 해주었고 새로운 세계로 나아가는 디딤돌이 되었다.

그래서 안다. 부모들도 모두 알 것이다. 그 시기가 얼마나 고통스럽고 긴 시간인지. 아이가 얼마나 사춘기의 강을 힘들게 건너고 있는지. 그 마음에 공감한다면 부모로서 할 일도 어렵지 않다. 아이의 마음을 읽어주고 무사히 강을 건너도록 담담히 지켜보는 것이다.

아이가 공부에 관심이 없어요

"아이가 공부에 관심이 전혀 없어요. 언제 철 들려나 모르겠어요."

아이의 공부 문제만큼 많은 부모를 고민에 빠뜨리는 일도 드물다. 십대가 되면 더 이상 부모가 시켜서 하는 공부는 통하지 않는다. 다른 아이들은 차곡차곡 실력을 쌓아가고 있고, 이제는 우리 아이도 슬슬 정신을 차리고 스스로 공부를 할만도 한데 놀러다니거나 게으름만 피우고 있다. 애가 철이 없다, 아무 생각이 없는 것 같다고 자녀를 탓하며 속을 태우는 부모들이 많다.

그러나 아이의 행동에는 항상 이유가 있다. 공부를 열심히 하는 아이에게는 그럴 만한 이유가 있고, 공부를 하지 않는 아이 역시 마찬가지다. 무조건 아이 탓을 하기보다는 아이가 왜 공부에 관심을 갖지 못하는지 찬찬히 살펴야 할 필요가 있다.

영호는 초등학교 때까지는 공부를 제법 잘 했다. 시키는 것마다 잘 따라왔고 받아들이는 것도 또래에 비해 빠른 편이었다. 하지만 중학교에 들어가서 본 첫 시험에서 영호와 부모님은 충격에 빠졌다. 낯선 환경과 친구들에게 적응하느라 성적이 기대에 못 미친 것이었다. 당황한 부모님은 아이를 바로 다른 학원에 보냈고 영호는 이 학원 저 학원을 전전하며 노력했지만 역부족이었다. 계속해서 성적이 기대에 못 미치자 실망한 부모는 거센 비난을 쏟아 부으며 아이를 무시하기 시작했다. 이후로 영호는 점점 공부에 관심을 잃었고 친구들과 어울리거나 스마트폰에 매달렸다. 갈등은 점점 깊어졌고 영호의 방황도 계속되었다. 고등학생이 되어서도 쉽게 마음을 잡지 못하자 부모님이 상담실을 찾아왔다. 이야기를 나눠보니 영호는 부모의 과도한 기대에 대한 부담과 그에 부응하지 못하는 자신에 대한 실망감이 쌓여 학습된 무기력에 빠져 있었다. 부모의 욕심과 극성에 좌절한 아이는 잠재력이 있음에도 불구하고 점점 더 깊은 무기력의 늪으로 빠져들었다.

우리나라의 교육은 문제점이 많다. 경쟁을 통해 성적이 우수한 학생을 선별하는 데 치중하다 보니 교육의 본질은 사라지고 성적 일변도로 치닫고 있다. 공부의 목적을 성적에 두게 되면 공부를 못하는 아이는 좌절감을 겪고 그 부모는 조급함과 불안을 느낀다. 하지만 모든 아이들이 다 좋은 성적을 받을 수는 없다. 이런 구조적 모순 때문에 많은 아이들과 부모들은 서로를 괴롭히며 하루하루를 힘겹게 보내고 있다. 성적을 내는 것만이 공부의 전부라고 여기면 공부는 결코 즐거울 수 없는, 고통과 인내뿐인 시간이 된다.

건강에 좋은 우유가 있다면 부모는 아이에게 우유를 먹이고 싶어 할 것이다. 그러나 우유의 맛을 모르는 아이에게 무턱대고 우유를 먹일 수는 없다. 우유와 두유를 놓고 둘 중에 하나를 선택하게 하면 아이는 우유를 선택할 수 있다. 스스로 선택한 것이기 때문에 불평하지 않고 잘 먹는다. 인간은 자율적인 존재이기 때문에 스스로 한 선택에 대하여 책임을 지려고 노력한다. 하지만 누군가가 강요하면 남 탓을 하고 핑계를 대며 책임을 미루려고 한다. 아이에게 무조건 성적 내기를 강요할 것이 아니라, 십대의 한정적인 시간을 공부에 사용한다는 것이 어떤 의미인지, 그 시간에 공부를 하지 않을 경우에는 무엇을 할 수 있는지 찬찬히 대화해 보며 아이에게 선택할 기회를 주어야 한다.

아이에게 선택권을 주라는 말은 멋대로 하라고 내버려 두라는 뜻이 아니다. 아이가 공부를 해야 하는 이유를 스스로 받아들일 수 있도록 해주라는 뜻이다. 물론 처음부터 바로 받아들이는 아이는 별로 없을 것이다. 하지만 아이 역시 자신의 미래에 대해서 고민하고 있다. 공부가 필요하다는 것은 사실 아이도 안다.

성적을 목적으로 하는 시험 중심의 공부가 아닌, 성장과 탐색을 위한 기회라는 개념으로 공부를 바라보면 공부는 훨씬 더 즐겁고 다양한 선택의 시간이 될 것이다. 그러기 위해서는 아이가 주도적으로 공부를 선택할 수 있도록 기회를 주어야 한다. 스스로 하는 공부, 성적이 아닌 성장을 위한 공부를 할 때 아이들은 '진짜 공부'를 하게 되고 공부한 만큼 훌쩍 자랄 수 있다.

사실 모든 아이는 공부를 잘 하고 싶어 한다. 할 수만 있다면 1등을 하고 싶다. 상담을 받으러 온 학생들 대부분이 가장 후회하는 일이 '어렸을 때 열심히 공부하지 않은 것'이었다. 1등을 하고 싶은 마음이 없어서 1등을 못 한 게 아니라 공부하는 습관이 제대로 형성되지 못했거나 친구들과 어울리는데 마음을 쏟다 보니 공부가 우선순위에서 밀려났을 뿐이다. 성적과 관련해서 아이들과 대화하기 위해서는 결과부터 따질 것이 아니라 매일 공부하는 모습부터 칭찬하고 인정해주자. 자녀와의 대화도 한결 수월해지고 부모가 원하는 결과로 이끌어가기도 쉽다.

상담실의 전화가 시끄럽게 울렸다.

"선생님, 우리 애 상담 좀 해주세요. 다른 생각하지 말고 꼭 대학에 가야 한다고 설득 좀 해주세요."

아버님의 간곡한 요청에 학생을 상담실로 불렀다. 그런데 대학에 안 가겠다고 막무가내로 버틴다던 아이의 표정에 어째선지 근심과 걱정이 가득했다. 차근차근 얘기를 풀어가다 보니 아이의 심정을 이해할 수 있었다. 이 학생은 아버지의 폭력으로 별거 중인 가정의 아이였다. 자식에 대한 부정으로 가득하던 전화 속 목소리와는 달리, 아버지는 이혼 후에도 한 번씩 불쑥 찾아와서 집안을 쑥대밭으로 만들어놓고 간다고 했다. 아이는 그 때문에 자살시도까지 할 정도로 불안에서 벗어나지 못하고 있었다. 엄마 혼자서 힘들게 생계를 이어가는 모습을 보면서 불안은 더 커져만 갔고 결국은 진학을 포기하고 취업을 선택하려고 결심을 굳힌 듯 했다.

"너는 아무 신경 쓰지 마. 공부나 열심히 하면 돼. 그게 엄마, 아빠 도와주는 일이야."

가정에 문제가 생길 경우 부모들이 가장 먼저 아이에게 하는 이야기이다. 하지만 부모의 바람대로 아이가 공부에만 집중할 수 있을까? 아이가 걱정하는 것은 돈이 아니라 가정이다. 가정이 위태로운 상황에서 불안에 빠진 아이들은 마음 편하게 공부에 집중하지 못한다.

학업 성적과 가정환경은 밀접한 관계가 있다. 교육학자인 스탠퍼드대 숀 리어든 교수는 소득에 따른 학업 성취 격차(income achievement gap)가 확대되는 추세라고 지적했다. 고소득층 아동이 저소득층 아동에 비하여 학교 성적이 높게 나타난다. 교육은 향후 소득 수준에 지대한 영향을 미치기 때문에 빈곤의 악순환은 자라나는 어린이들을 궁지로 몰아넣는다.

최근 《심리과학(Psychological Science)》 저널에 실린 논문에서 존 가브리엘리 MIT 교수가 이끄는 연구진은 14세 공립학교 학생 58명의 뇌단층을 촬영하여 학생들의 두뇌 피질의 두께를 측정했다. 이 가운데 23명은 급식비 무료 또는 감면 자격이 주어지는 학생들이었다. 나머지 35명은 중산층 가정 학생들이었다. 연구진은 두 그룹의 두뇌에서 일관된 차이를 발견했다. 피질 두께가 얇은 학생은 두꺼운 학생에 비해서 성적이 낮은 경향이 있었는데, 두뇌 여러 영역에 걸쳐 저소득층 학생의 두뇌 피질이 고소득층 학생보다 얇았다. 동물 연구에서도 비슷한 결과가 나왔다. 풍족한 환경에서 자란 쥐는 탐구하고 학습할 기회가 풍부하기 때문에 신경 연결고리가 더 많아진다.

어린 시절은 가장 큰 기회와 위험이 공존하는 시기다. 이 시기에 부모가 어떤 환경을 제공하느냐에 따라 아이들의 잠재력은 날개를 달기도 하고 추락하기도 한다. 공부는 미래를 위한 것이다. 하지만 눈앞의 불안에 싸여 있는 아이는 미래를 생각하기 어렵다. 아이가 공부를 우선하지 못할 때, 혹시 다른 이유가 있는 것은 아닌지 고민하고 아이의 불안을 해소해주는 것 역시 부모의 역할이다.

중학교 2학년이었던 큰아이가 어느 날 심각한 얼굴로 말했다.

"엄마, 공부를 왜 하는지 모르겠어요. 시가 밥이 되는 것도 아니고 수학이 삶에 도움을 주는 것도 아닌데 외우고 풀어야 하는 이유를 모르겠어요."

순간 참으로 막막하고 당황스러웠다. 공부가 하기 싫어서 핑계 삼아 하는 말이 아님을 직감적으로 알아차렸기 때문이다. 아이는 진심으로 공부하는 이유가 궁금했던 것이다. 하지만 아이와 마찬가지로 나도 그 이유를 명확하게 말하기 어려웠다. 그저 좋은 직장에 취업하려고, 또는 잘 살려고 같은 막연한 답만 생각났다.

고민하던 중에 떠오른 것은 교사 연수 중에 들었던 짧은 강의였다. 교육학자이자 진로교육 전문가인 김봉환 교수가 들려준 비유 속에 다양한 공부를 해야 하는 명쾌한 이유가 들어 있었다.

"두 사람의 건축가가 있습니다. 한 사람은 건축 관련 공부를 열심히 했고 유학을 다녀온 뒤 건축학 분야의 전문가가 되었습니다. 또 한 사람은 평소에 시를 좋아해서 건축을 공부하면서도 시집을 많이 읽고 직접 시를 쓰기도 했습니다. 두 사람이 지은 집을 한 번 상상해 보십시오. 유학을 다녀온 건축가의 집은 흠 잡을 데 없이 매끈하고 기술적인 면에서 완벽합니다. 하지만 1%가 부족합니다. 시를 사랑하는 건축가가 지은 집은, 유학파 건축가가 지은 집과 비교했을 때 기술적인 면에서는 다소 부족할지 모르지만 건축가의 시적 감성이 담긴 아름답고 편안한 느낌의 집이었습니다. 과연 어느 건축가의 집이 고객의 선택을 받을 수 있을까요?"

이 이야기를 들려주자 아이는 곰곰이 생각에 빠졌다. 얼마나 공감했는지는 모르지만 나름대로 납득한 모습이었다.

시험에 나오니까 공부해라, 좋은 대학에 들어가야 좋은 직장도 구할 수 있다, 이런 이야기가 아이들에게 설득력이 있을까? 어른도 답을 몰라서 둘러댄다는 것을 아이들도 알아차린다. 공부하라고 백 번 이야기하는 것보다 공부를 해야 하는 이유를 알려주는 것이 더 중요하다.

학교에서 공부하는 다양한 과목은 각각 다른 영역에서 학생들을 지적으로 훈련시킨다. 사고력과 통찰력, 인내심과 판단력을 기를 수 있고, 생각의 깊이와 내면의 성장을 위한 거름이 된다. 자신이 하고 있는 공부가 얼마나 의미 있고 멋진 일인지를 스스로 생각할 수 있게 하고 그 일의 필요성과 의미를 깨달을 때 아이들은 공부에 대한 동기를 얻는다. 동기가 부여된 아이들은 스스로 할 일을 찾아서 진짜 공부를 한다.

모든 아이가 공부를 다 잘 할 수는 없다. 그리고 공부를 못하는 것은 병이 아니다. 공부에 소질이 없는 아이들도 잘 살펴보면 한두 가지 재능이 있다. 부모는 자식에 대해 객관적인 평가를 할 수 있어야 한다. 자녀의 흥미와 적성, 성격 특성을 파악해서 아이의 특성에 맞는 환경을 만들어주는 것이 중요하다. 현실적인 시각을 가지고 아이가 미래를 설계할 수 있도록 도와주어야 한다. 눈에 보이는 것만으로 아이를 속단하지 말고, 조급해지려는 마음의 고삐를 조금은 느슨하게 풀어주는 여유가 필요하다.

이유도 없이 짜증을 내요

"사춘기에 접어들더니 별것 아닌 일에도 짜증을 심하게 내요. 내가 뭐라고 하면 불같이 화를 내면서 방으로 들어가 버려요."

"상전을 모시고 사는 것도 아니고. 아이 눈치 보느라 속이 다 타들어 가는 것 같아요."

사춘기와 짜증은 샴쌍둥이처럼 함께 붙어다닌다. 사춘기의 대표적인 증상 하나를 꼽으라면 많은 부모들인 '짜증'을 얘기할 정도다

그런데 사춘기의 짜증은 생각보다 복잡하고 심오한 감정이다. 사춘기가 되면 아이는 자기만의 생각과 논리를 가지고 비판적으로 세상을 바라보기 시작한다. 그러면서 이제까지 믿고 의지했던 부모의 세계를 더 이상 무조건 신뢰하지 못하게 되고, 여러 가지 복합적인 감정을 느낀다. 그런데 청소년들은 감정을 인식하고 표현하는 능력이 부족하다. 그래서 아이들은 "화난다. 슬프다. 억울하다. 외롭다. 속상하다. 부끄럽

다. 실망스럽다." 등 여러 가지 복합적인 감정을 짜증이라는 하나의 단어로만 표현하곤 한다.

더구나 감정의 뇌인 변연계의 지배를 받는 십대의 뇌는 불안과 공포, 수치심과 같은 감정에 민감하고 빠르게 반응한다. 부모가 별 의미 없이 한 말도 감정적으로 해석하여 쉽게 오해한다. "너 어디 가니?"라는 단순한 질문도 자신을 통제하려는 잔소리로 받아들여서 "제발 간섭 좀 그만하세요!"라고 짜증으로 받아친다.

따라서 아이가 짜증을 낼 때 무조건 화부터 내면서 아이를 야단치기보다는 짜증의 원인을 찾아서 자신의 감정을 인식하게끔 도와주는 것이 좋다. 아이의 짜증 이면에 있는 복잡한 감정을 읽어주고, 부모가 아이의 감정을 이해하고 공감한다는 것을 표현해야 한다. 이러한 노력은 아이에게 '엄마가 내 마음을 알아주고 나를 사랑하시는구나.'라는 메시지로 전달되어 심리적인 안정감을 준다

인간은 여러 가지 감정을 느끼면서 살아간다. 긍정적인 감정이든 부정적인 감정이든, 감정 자체에는 좋고 나쁨이 없다. 그런데 부모들은 아이들이 부정적인 감정을 표현하면 억압하고 통제하려고만 할 때가 많다. 감정은 충분히 표현하도록 도와주어야 한다. 욕구와 감정을 그때 그때 표현해야 절제도 배울 수 있다. 욕구를 억압한다고 해서 그 욕구가 사라지는 것이 아니다. 내면의 깊은 어둠속으로 꼭꼭 숨어버렸다가 어느 순간 무의식을 뚫고 거칠게 올라온다. 감정을 어두운 구석으

로 밀어 넣고 방치해서는 안 된다. 바깥으로 꺼내서 밝은 햇살을 받도록 해야 한다. 그래야 건강하게 자신을 표현하는 법을 배우게 된다.

감정을 제대로 표현하지 못하면 아이의 내면에는 부모에 대한 분노와 원망만 점점 쌓여간다. 어렸을 때는 부모 말을 잘 듣던 아이가 사춘기에 들어서면서 반항적인 행동을 하는 경우, 억압된 욕구가 원인일 때가 많다. 욕구가 억압되면 절제심을 잃거나 원망이 많은 아이로 성장할 수 있다. 욕구를 가지는 것은 잘못이 아니다. 스스로 자제할 수 있는 힘을 키워주는 것이 부모의 역할이다. 무턱대고 못하게 막는 것은 아이로 하여금 이러한 힘을 키울 기회를 박탈하는 것과 마찬가지이다.

무조건 아이를 야단치고 윽박지르기 전에 아이의 감정을 먼저 받아준다면 '내 생각과 감정을 엄마가 받아주는구나. 이런 생각은 할 수 있지만 행동은 하면 안 되는구나.' 라고 스스로 깨닫는 순간이 온다. "너 도대체 왜 하루 종일 짜증이야? 정신이 나갔구나!" 라고 거칠게 야단부터 친다면 아이의 마음속에는 '엄마는 맨날 나한테만 뭐라고 해!'라는 감정이 생기고 원망과 불신의 싹만 점점 키우게 된다. 부정적인 감정을 잘못된 것, 버려야 할 것이라고 부모가 단정해 버리면 아이는 성숙의 기회를 놓치게 된다. 아이들이 표현하는 다양한 감정을 나름대로의 가치로 인정해 주어야 한다. 잘못된 행동은 지적하되 감정표현은 인정해 주어야 아이들이 건강하게 자신을 표현하고 절제하는 법을 배울 수 있다.

부모가 과하게 간섭하고 자신의 생활을 침해한다고 느낄 때 아이들은 짜증스러워 한다. 부모의 통제가 부당하다고 생각해서 반발하고, 심할 경우 가출을 감행하기도 한다. 이럴 경우 부모가 아이수준에서 같이 화를 내면 아이는 자신의 문제행동을 인식하기 보다는 부모가 자신을 미워해서 복수하려고 한다고 생각한다. 아이와 함께 대화를 통해 행동의 적정선을 정하고 정한 선을 어길 경우 단호하게 대처할 것임을 미리 밝혀두는 것이 효과적이다

심하게 스트레스를 받는 아이는 더욱 감정기복이 심해지고 짜증을 자주 낸다. 이 경우 아이의 스트레스 원인이 무엇인지 살펴보아야 한다. 아이에게 직접 물어볼 수도 있지만 청소년들의 경우 부모님을 걱정시키지 않으려고 문제를 쉽게 드러내려고 하지 않는 경우가 많다. 아이와 시간을 함께 하면서 스스로 말할 수 있는 분위기를 만들어 주고 부모는 부모 대로 친구나 학교 선생님을 통해 아이가 겪고 있는 어려움을 파악해야 한다. 여러 가지 방법으로 접근해도 특별한 원인이 보이지 않는다면 환경에 적응하는 과정에서 겪는 단순한 스트레스일 가능성이 많다. 어른들도 직장을 옮기거나 부서가 바뀌게 되면 적응과정을 거쳐야 하고 그 과정에서 얼마간의 스트레스를 겪는 것은 불가피하다. 청소년들은 학업과 교우관계 등 발달과업상 해야 할 일이 많은데다 호르몬의 영향 등으로 심리적으로 불안정해서 스트레스에 취약하다. 변화의 시기를 피할 수는 없고 그 시간 동안 겪어야 하는 스트레스 역시 피할 수 없다.

이 경우에는 스트레스를 적절하게 해소하는 게 중요하다. 요즘 아이들은 과도한 학업 부담 때문에 마음놓고 쉴 수 있는 시간이 별로 없다. 빡빡한 학원 스케줄과 방과 후 수업 등으로 학교에서 돌아온 후에도 온전히 자신만의 시간을 가지지가 쉽지 않다. 놀아본 경험이 없다보니 노는 방법도 모르는 아이가 대부분이다. 또 시간적으로 여유가 생겨도 함께 놀기보다는 혼자 노는 일이 더 익숙하고 편하게 느껴진다. 이 경우 인터넷은 거부할 수 없는 매력으로 아이들을 유혹한다. 하지만 게임이나 인터넷 채팅을 통해 스트레스를 해소하고 억압된 욕구를 발산하는 것은 제대로 된 쉼이 아니다. 컴퓨터에 빠져있는 동안 정작 쉬어야 할 뇌는 제대로 쉬지 못한다. 가족여행이나 운동 등을 통해 아이들이 건강하게 휴식을 취하고 스트레스를 자연스럽게 해소할 수 있도록 부모가 관심을 가지고 도와주어야 한다

청소년은 우울할 경우 짜증을 내기도 한다. 성인은 우울증을 겪을 때 주로 슬픔과 우울감을 느끼지만, 청소년은 짜증스러운 기분을 느끼는 경우가 40%에 달한다고 보고되고 있다. 청소년들은 성인에 비해 인지, 사고, 감정 발달이 미숙하여 자신의 감정을 정확하게 인식하는 것을 어려워한다. 자신이 우울한 감정 상태인 것을 미처 인식하지 못하기 때문에 짜증이나 분노, 폭력 등으로 불편한 감정 상태를 표현하게 되고 우울감은 가면 속으로 감추어 버린다. 그래서 청소년기 우울을 '가면성(假面性) 우울증'이라 부르기도 한다.

성인의 우울증과의 이러한 차이로 인해 청소년 우울증은 치료 시기

를 놓치는 사례가 많다. 청소년기에 기분의 동요가 심해지는 것은 사실이지만, 지나친 짜증, 변덕, 수면과 식욕의 변화 등은 우울증의 신호일 수 있다. 겉으로 보아서는 쉽게 아이의 우울한 감정을 알아내기가 힘든 만큼 평소 충분한 대화를 하며 아이들의 마음건강을 잘 살필 필요가 있다.

사춘기 아이들의 짜증이 폭발할 때, 부모의 역할은 '짜증난다'는 말의 이면에 담긴 진짜 감정을 찾아 진심으로 공감해 주는 것이다. 충분히 공감받은 아이들은 심리적 안정을 회복해서 점차 짜증스러운 마음 상태에서 벗어날 수 있다.

나쁜 친구와 어울려요

학교에서 문제를 일으킨 학생들의 부모님들과 상담할 때면 흔히 일어나는 일이 있다. 먼저 한 학생의 부모가 이렇게 말한다.

"우리 애는 중학교 다닐 때까지는 정말 아무 문제가 없었어요. 그런데 고등학교 와서 질 나쁜 친구를 만나더니 애가 점점 이상해지더라고요. 지금까지 나쁜 짓이라곤 한 번도 한 적 없는 아인데, 친구를 잘못 사귀어서 이렇게 된 거예요."

상담이 끝나고 '나쁜 친구'로 지목됐던 학생의 부모와 만났다. 이 부모 역시 똑같은 얘기를 한다.

"우리 애는 원래 순진하고 착했는데 나쁜 애들과 어울리면서 완전히 달라졌어요. 담배 피우고 PC 방 다니고…. 애가 걔들하고 어울릴 때 내가 못하게 막았어야 했는데, 요즘 애들이 어디 부모 말을 듣나요? 이게 다 친구 탓이에요."

부모들은 서로서로 남의 자식만 비난하며 자기 아이 감싸기에 급급하다. 좀 더 심하면 대놓고 아이들 사이를 떼어놓아 달라고 부탁하기도 한다. 그 아이하고만 떼어놓으면 우리 아이는 예전처럼 아무 문제 없는 상태로 돌아갈 수 있다고 확신에 찬 어조로 말한다.

이런 부모들은 모든 상황을 자식에게 유리하게 해석하고, 명백하게 자기 아이가 잘못을 저지른 경우에도 나쁜 친구의 협박이나 꾐에 빠져 어쩔 수 없이 저지른 일이라고 합리화한다. 내 아이는 억울한 피해자일 뿐이라며 책임을 친구에게 전가한다. 자신의 아이가 누군가의 '나쁜 친구'가 될 수도 있다는 사실은 결코 생각하지 못한다.

'유유상종'이라는 말이 있다. 학교 현장에서 아이들이 친구관계를 맺는 것을 지켜보면 이 말이 참으로 잘 들어맞는다는 생각이 들 때가 많다. 아이들은 정말 끼리끼리 어울린다. 운동을 좋아하는 아이들은 운동을 좋아하는 아이들끼리, 게임을 좋아하는 아이들은 게임을 좋아하는 아이들끼리 모인다. 그리고 상처가 있는 아이들은 서로의 상처를 한 눈에 알아보고 친구가 된다. 비슷한 부류의 사람들은 멀리 떨어져 있어도 서로의 존재를 느끼는 법이다.

마음이 통하지 않고 서로 맞지 않으면 아이들은 절대 친구가 될 수 없다는 것을 부모들은 간과하고 있다. 무조건 내 아이만 나쁜 영향을 받는 것이 아니라, 내 아이가 다른 아이들에게 나쁜 영향을 줄 수도 있음을 모른다. 자녀들이 친구들과 어울려 나쁜 짓을 했다면, 그 친구에게도 문제가 있겠지만 자신의 자녀에게도 문제가 있을 가능성이 높다.

그럼에도 불구하고 부모들은 이를 인정하지 않으려고 한다.

사춘기는 부모가 아닌 타인에게서 자신의 존재를 인정받기 위해 분투하는 시기이다. 따라서 아이들은 친구를 통해 자신의 존재감을 확인하고, 집단에서 떨어져나가는 것에 대해 공포에 가까운 감정을 느끼게 된다. 별것 아닌 친구의 말에 상처받고 밤새 고민하거나 친구와 함께라면 지구 끝까지라도 가려 하는 것도 이 때문이다. 특히 가족 간 대화와 소통이 부족하거나 가정에서 사랑받지 못한다고 느끼는 아이는 더욱 친구관계에 의지한다. 부모와의 갈등이 심할수록 아이는 가족보다 친구를 더 소중하게 여기고 친구에게 집착한다.

자녀가 부모의 기대에 어긋나게 나쁜 친구를 사귀는 것은 대부분 부모 자녀 관계의 문제를 반영하는 것이라고 해도 과언이 아니다. 결국 친구 문제는 부모 자녀 문제의 결과인 셈이다. 부모가 채워주지 못하는 결핍을 친구가 채워주니 부모보다 친구에게 더 쉽게 마음을 여는 것이다.

부모 입장에서는 자기 자식을 믿고 싶고 감싸고 싶은 것이 당연하다. 그러나 소위 '질 나쁜 아이들'과 어울려서 아이가 물들었다는 이야기는 순전히 부모의 착각이다. 좀더 정확하게 말하면 자기 자식의 문제를 직시하지 않기 위한 변명에 불과하다. 모든 것을 남의 자식 탓으로 돌리면 마음은 편할지 몰라도 문제 해결에서는 점점 멀어진다. 해결의 첫걸음은 내 아이의 잘못, 나아가 부모인 나의 잘못을 인정하는 데서 시작된다.

또한 내 자식이 소중하면 남의 자식도 소중하다. 아이의 또래 친구들은 배척하고 경쟁해야 할 대상이 아니라 함께 가야할 동반자이다. 내 자식뿐만 아니라 남의 자식도 아끼고 존중하는 부모 밑에서 타인에 대한 존중을 배울 수 있다. 십대는 아직 미성숙한 존재다. 부모가 타인을 인정하고 소중히 여기는 태도를 보일 때 아이들도 남을 배려하고 존중할 줄 아는 사람으로 자란다.

충동적이고 분위기에 휩쓸리기 쉬운 십대인 만큼 교우관계에 있어서도 어느 정도 부모의 지도는 필요하다. 그러나 강압적인 방법은 역효과를 부르기 일쑤다. 자녀의 교우관계에 문제를 느끼는 부모들은 자녀 앞에서 직접적으로 친구를 비난하거나, 그런 친구와 어울리지 말라고 요구하는 경우가 많다. 그러나 십대 아이들은 부모가 친구를 어떻게 생각하는지에 대해 민감하게 반응한다. 친구와 자신을 동일시하기 때문에 부모가 친구를 나쁘게 얘기하면 자신도 나쁜 아이라는 느낌을 받는다. 분노와 반발심이 일어나고 부모가 그 친구를 싫어하는 이유가 타당하다고 해도 받아들이려고 하지 않는다. 오히려 부모에 대한 반감으로 우정만 더 돈독해진다.

그렇다면 자녀의 친구관계에 관여할 때 어떻게 하는 게 좋을까? 가장 좋은 방법은 아이와 함께 원칙을 정하는 것이다. 이때 '누구와 어울리는가'가 아니라 '무엇을 해서는 안 되는가'가 중심이 되어야 한다. 절대 하지 말아야 하는 행동에 대해서는 부모가 단호하게 설명하고 이해시킬 필요가 있다. 대신 그 이외의 것들은 함께 의논해서 정한다. 부모가 일방적으로 정하지 말고 자녀의 의견을 듣고 조정하는 모습을 보여줘야 한다. 강요된 원칙은 사춘기 아이들에게는 효과가 없다. 또 너무 세세하게 많은 것을 정하기보다는 반드시 지켜야 할 원칙 한두 가지를 명확히 하는 것이 좋다. 설령 현재 부모의 마음에 안 드는 친구와 어울리고 있더라도 일단은 만나는 것을 허용하고, 아이가 스스로 친구관계에 대해 판단할 수 있도록 자주 대화를 나누는 것이 좋다.

내 자녀가 어떤 친구와 어울리는가도 물론 중요하지만 어떤 친구와 어울리더라도 중심을 잡고, 나쁜 일에 휘말렸을 때도 단호하게 거부할 줄 아는 아이로 키우는 것이 더 중요하다. 자존감이 높고 스스로에 대한 확신이 있는 아이들은 나쁜 짓을 하는 친구들과 어울리지 않는다. 설사 어울린다고 해도 쉽게 휩쓸리지 않고 자신의 자리를 지킬 줄 안다. 오히려 그런 친구들을 좋은 방향으로 이끌어 오는 역할까지 할 수 있다. 친구에게 휘둘리지 않고 자신만의 확고한 중심을 가진 아이, 친구에게 좋은 영향을 미치는 아이로 키워야 한다. 내 아이가 친구에게서 좋은 영향을 받는 것을 기대하듯이, 내 아이가 다른 친구에게도 좋은 영향을 줄 수 있도록 관심을 가지고 지도해야 한다.

평범한 친구들과 어울리는 경우에도 친구 관계에 지나치게 몰입하여 부모를 걱정하게 하는 경우가 있다. 사춘기에 접어들면 아이의 세상이 친구를 중심으로 돌아가기 시작한다. 입에서 나오는 말마다 '친구가' '친구는'으로 시작하고, 부모 말은 귓등으로도 듣지 않으면서 친구 말은 철썩같이 따른다. 학원이든 동아리 활동이든 무작정 친구 따라 강남 가는 일도 비일비재하다. 이 역시 정도가 지나치다면 부모와의 관계가 흔들리고 있지 않은가 고민할 필요가 있다.

세 아이를 키우느라 힘에 부친 내가 잠시 첫째에게 소홀했던 사이, 내 큰아이도 친구에게 지나치게 의존하는 시기를 겪었다. 아이의 모든 관심사는 "친구가 나를 싫어하면 어쩌지? 친구와 같이 가기로 했는데 만약 안 간다고 하면 어쩌지? 친구 생일인데 초대받지 못하면 어떻게 하지?" 등 오로지 친구에 집중되어 있었고, 친구들의 사소한 말 한마디에도 며칠씩 기분이 좌지우지될 정도로 자기중심성이 약한 상태였다. 지금 생각하면 너무나 미안하다. 부모가 채워주지 못하는 정서적 결핍을 채우기 위해 아이는 '친구'라는 끈에만 위태롭게 의지하고 있었다. 부모가 자녀와 충분히 대화하며 관심과 안정감을 주면 부모보다 친구를 우위에 두는 일은 없을 것이다.

사람은 사회적인 동물이다. 인간(人間)이라는 한자가 '사람들 사이'를 의미하듯 사람과의 관계를 떠난 인간은 생각하기 어렵다. 사람은 관계 속에서 서로 의지하고 소통하면서 존재의 이유를 확인받는다. 철학자이자 사상가인 마르틴 부버도 인간 존재와 삶의 의미를 관계 안에서 찾았다. 어린 시절에는 부모와의 긍정적인 관계 경험을 통해 세상과 타인에 대한 신뢰를 형성하고, 청소년기가 되면 또래 관계 속에서 정체감을 확인받고자 한다.

청소년기 아이는 또래 친구와의 교제를 통해 부모와의 동일시에서 벗어나서 독립성과 자율성을 찾아간다. 친구는 부모가 해줄 수 없는 많은 부분을 채워준다. 외부와 관계를 맺는 법과 자신의 인간적 매력을 발산하는 법, 타인의 욕구나 기분을 알아채고 민감하게 반응하는 법도 알게 된다. 친구들과 부대끼고 어울리면서 자신의 모난 점을 다듬고 부족한 점을 채우기도 한다.

또한 부모의 세계 안에서만 성장해 온 아이들은 다양한 친구를 사귀면서 자연스럽게 새로운 세계를 접하게 된다. 자신과는 다른 환경, 기질, 취미, 관심사 등을 가진 친구와 만나고 소통하면서 서로 영향을 주고받는다. 이 과정에서 아이는 얕고 좁은 자신만의 세계를 좀 더 넓고 단단하게 만들어간다. 친구들과 함께 했던 여러 가지 경험은 아이의 인생을 더욱 풍부하게 해주는 밑거름이 된다.

서로의 속마음을 털어놓으며 누군가에게 공감을 받고 수용되는 경험 역시 친구관계를 통해 이루어진다. 어려운 상황에서 격려와 위로를 주고받으며 마음의 안정을 회복하기도 한다. 마음 맞는 친구가 한 명만 있어도 질풍노도의 십대를 잘 넘길 수 있는 것은 이런 이유에서다.

학창시절 또래 친구와의 관계에서 긍정적인 경험을 한 아이들이 성인이 되어서도 대인관계를 잘 맺고 사회성이 좋은 경우가 많다. 친구에게 수용되고 인정받은 경험은 자존감을 높여주고 긍정적인 자아상을 형성해서, 사춘기라는 과도기를 무사히 넘기고 심리적으로 건강한 아이로 자랄 수 있도록 해준다.

십대 시절 나에게도 친구는 너무나 중요한 존재였다. 친구를 만나 수다를 떨면서 새로운 세상을 알게 되었고 몰랐던 즐거움을 느꼈다. 혼자서는 절대로 할 수 없는 일도 친구와 함께라면 두렵지 않았다. 우정이라는 든든한 방패막이 있었기에 힘든 십대의 강을 무사히 건널 수 있었다. 그리고 그때 만났던 소중한 나의 벗들은 세월이 흐른 지금까지도 인생의 동반자로 함께하고 있다. 관계는 공부만 한다고 해서 배울 수 있는 게 아니다.

부모로부터 떠날 준비를 하는 사춘기의 아이들의 가장 강력한 자산은 친구이다. 친구들과 어울리고 수다를 떠는 자체가 십대들의 건강한 행동이고 발달에서 중요한 의미를 갖는다. 아이에게 좋은 친구를 사귀라고 하기 전에 어떤 친구와든 좋은 영향을 주고받을 수 있는 성숙한 인격을 가진 아이로 키우는 것이 중요하다. 부모가 할 일은 자녀가 소중한 우정을 잘 지켜나갈 수 있도록 배려해주는 것이다.

연예인에 푹 빠졌는데 괜찮을까요?

요즘 아이들이 가장 선호하는 직업은 의사나 변호사가 아니다. '연예인'이다. 십대들은 아이돌 가수들에 열광하며 자신도 스타가 되기를 꿈꾼다.

"얘가 연예인에 미쳤나 봐요. 가수 꽁무니 따라다니느라 방송국이니 콘서트장에서 아예 살아요. 고등학생이 하라는 공부는 안 하고 저러고 있으니 기가 막혀 죽겠어요."

상담실을 방문한 엄마의 얼굴에는 딸을 한심해 하는 표정이 역력했다. 마음을 모르는 것은 아니지만, 그런 표정으로 딸에게 잔소리를 했다면 틀림없이 좋은 반응을 얻지는 못했을 것이다.

내가 좋아하지 않는다고 해서 아이의 마음을 무시해서는 안 된다. 그러면 아이는 엄마와 말이 통하지 않는다고 느끼고 서둘러 마음의 문을 닫아버린다. 지금 부모들이 10~20대였을 때에도 스타를 동경하는 문화는 다른 시절 못지않았다. 가수의 공연장을 따라다니고 좋아하는 스타를 보기 위해 밤을 새면서 공연장 앞에서 기다렸던 엄마도 분명 있을 것이다.

아기는 이유기가 되면 젖을 뗀다. 마찬가지로 사춘기는 심리적 이유기다. 부모나 주위 어른의 간섭과 감독에서 벗어나 독립적으로 행동하려 하고, 자신만의 정체성을 형성해서 독립적인 인격체로서 제 2의 탄생을 하는 시기이다. 이 과정에서 가족과의 유대가 약화되면서 아이들은 혼란과 불안, 공허감을 느낀다. 그리고 그 공백을 아이돌이나 스포츠 스타 같은 선망하는 인물을 닮고자 하는 것으로 메우고자 한다. 스타를 동경하는 것은 자라는 과정에서 자연스럽게 일어나는 호기심이며 이상화된 대상을 찾는 과정이다.

큰아이도 사춘기였을 무렵 좋아하는 아이돌 가수가 생겼다. 콘서트에 가고 싶어 했고 팬클럽에도 가입하기를 원했다. 지나치게 빠지면 어쩌나 하는 걱정이 없었던 것은 아니었지만, 나의 십대 시절을 생각해보니 아이 마음이 이해가 되었다. 내가 먼저 나서서 팬클럽에 가입시켜주고 콘서트를 보러 갈 수 있도록 배려해주었더니 아이는 무척 고마워했다.

아이가 좋아하는 가수의 콘서트가 열리는 홍대 근처 공연장에도 함께 갔다. 난생 처음 경험하는 스탠딩 공연이 어색하고 낯선 십대의 문화에 충격에 빠지기도 했지만, 아이를 이해하고 세대 차이를 극복하기 위한 것이라고 생각하니 힘들지만은 않았다. 그런 노력들이 아이와의 교감을 더욱 두텁게 했고 서로를 이어주는 징검다리가 되었다. 아이는 가수에 지나치게 열광하고 이상화하는 대신 적절한 수준에서 음악을 사랑하고 즐길 줄 아는 아이로 자랐다.

문화가 변화하면서 십대가 열광하는 대상도 빠르게 변한다. 요즘은 아이들이 즐기는 문화가 다양해지면서 가수나 배우는 물론 만화나 게임 등이 그 자리를 차지하기도 한다. 같은 취미를 즐기는 친구끼리 모임을 갖거나, 인터넷 팬클럽 활동에 몰입하기도 한다. 부모 입장에서는 경험해본 적 없는 문화를 이해하기도 어렵고, 지나치게 한 가지에만 몰입하여 아이의 세계가 좁아지는 것도 걱정스러울 것이다. 그러나 무조건 막거나 심하게 야단을 치면 반항심에 오히려 더 깊이 빠져들 수 있다. 아이가 팬 활동에 쓰는 돈이나 시간에 대해서는 지도를 하되, 좋아하는 마음은 있는 그대로 존중하고 이해하는 모습을 보여야 한다. 그래야 아이와 대화도 지속할 수 있고, 정말 부모의 지도가 필요할 때 영향력을 발휘할 수 있다.

부모들도 십대의 열정으로 가슴 따뜻했던 순간들이 마음 한켠에 잊을 수 없는 추억으로 남아 있을 것이다. 그때 그 마음을 생각하면 연예인에 빠져드는 내 아이의 마음을 이해하기도 어렵지 않다. 사춘기의 열병처럼 지나가는 과정으로 여기고 아이의 마음을 읽어주는 여유를 가지자.

외모에 과하게 집착해요

부모의 눈에는 십대가 되어 갑작스럽게 변한 아이들의 모습이 거슬리는 것투성이다. 특히 원리원칙을 중시하는 부모들은 아이의 옷차림이나 외모에 대해 민감하게 반응한다. "딸아이가 멀쩡한 교복 치마를 짧게 줄여서 입어요."라거나 "사내놈이 볼썽사납게 귀걸이를 하고 다녀요. 도대체 요즘 아이들은 왜 그러는지 이해할 수가 없어요."라며 불편한 심기를 드러낸다.

나 또한 큰아이가 중학생이 되면서 변하는 모습에 당황했던 기억이 있다. 외모에 신경 쓰느라 공부는 뒷전이고 어른들 옷차림을 흉내 내며 어울리지도 않는 옷을 입으려는 아이를 이해하기가 힘들었다. 하지만 부모가 하지 말라고 하면 더 하고 싶어지는 게 사춘기 아이들의 마음이다. 마음에 들지 않는 행동이나 외모를 매번 지적하면서 신경전을 벌이는 것은 그다지 효과적인 방법이 아니다. 아이의 반항심리만 자극하고 문제행동은 오히려 더 강화하는 결과만 가져오기 때문이다.

학교 상담실에서 두발 문제 때문에 부모님과 실랑이를 벌이는 아이들은 비슷한 불만을 토로한다.

"머리를 기르고 싶은데 부모님은 단정치 못하다고 하시면서 무조건 짧게 자르라고만 하세요. 저도 제 스타일대로 하고 싶은 욕심이 있잖아요. 그런데 부모님은 제 마음도 모르고 무조건 못하게만 하시니까 반항심이 생겨요."

"염색을 한 번 해보고 싶어요. 이것도 한 때인데 부모님들은 왜 그렇게 못하게 하시는지 모르겠어요. 저도 생각이 없는 게 아니에요. 몇 번만 해보면 다시 안 할 것 같은데 무조건 못하게 막으니까 더 하고 싶은 마음이 들어요."

남과 다른 나만의 정체성을 갖고 싶고, 자유를 갖고 싶지만 의외로 마음대로 할 수 있는 일이 많이 없는 것이 십대 시기이다. 그렇기에 외모와 패션은 십대가 자신을 표현하는 중요한 수단이 된다. 학교에서 문제 삼을 정도만 아니라면 아이들의 욕구를 어느 정도는 존중하고 받아들이는 여유를 보여주는 것도 좋다. 무슨 옷을 입느냐, 머리를 어떻게 하느냐 같은 것은 부모 입장에서 생각해도 지나고 보면 별 것 아닌 일들이다. 사소한 부분에서까지 강압적으로 아이의 뜻을 꺾고 갈등의 골을 깊게 만들 필요가 없다.

남의 눈에 밉게 보이고 싶은 아이는 없다. 무슨 일이든 원 없이 하고 나면 아이들은 언제 그랬냐는 듯이 어느 새 제자리로 돌아온다. 처음에는 죽자고 제멋대로 하겠다고 덤비던 아이들도 직접 해보고 자신에게 어울리는 스타일이 아니란 것을 알면 슬그머니 고집을 접는다. 어설프게 어른 흉내내기에 몰두하던 우리 큰아이도 고등학생이 되면서 예전의 반듯한 모습으로 돌아갔다. 유행을 좇아가고 자신을 표현하고자 하는 아이의 마음을 인정해주는 것이 중요하다.

자유분방한 십대를 보낸 부모가 의외로 사춘기 아이들과 잘 지내는 것을 심심찮게 본다. 십대를 지내면서 해볼 건 다 해 봤기 때문에 자녀의 행동이 이해가 되고 공감이 되는 것이다. 부모의 십대 시절에도 소위 '날나리'라고 불리는 아이들이 있었다. 나이에 어울리지 않는 짙은 화장을 하거나 파마를 하고 짧은 치마를 입고 다녔다. 예나 지금이나 십대들의 행동은 비슷하다. 유행이면 무조건 따라 해야 직성이 풀리고 친구 따라 강남가는 건 예나 지금이나 똑같다. 그런 작은 일탈마저 너무 예민하고 심각하게 받아들일 것은 없다. 부정적인 면 대신 긍정적인 면을 바라봐주면 된다. 눈에 가시 같은 십대의 행동도 한때다. 당장은 아이의 모습이 마음에 들지 않더라도, 부모의 완고한 틀과 판단을 잠시 내려놓고 바라보면 예쁘게 보이고 싶은 아이다운 마음이 눈에 들어올 것이다.

십대의 엉뚱한 행동에는 반드시 이유가 있다

나는 고등학교 2학년 무렵 수학여행을 며칠 앞두고 단짝 친구와 크게 다투고 말았다. 지극히 내향적이었던 나는 이 친구 외에는 마땅히 어울릴만한 친구가 없었다. 그렇게 기다렸던 수학여행이었지만 가고 싶지 않았다.

"엄마, 나 수학여행 안 가면 안 돼?"

"뭐? 얘가 지금 무슨 소리를 하는 거야. 이미 돈도 다 냈고, 친구들 다 가는데 너만 안 가겠다는 게 말이 돼?"

엄마 눈치를 보며 슬쩍 말을 꺼냈지만 엄마는 내 마음을 전혀 알아채지 못했다. 할 수 없이 수학여행을 갈 수밖에 없었고 여행 기간 내내 친구 없이 혼자서 보냈던 것이 아직까지도 끔찍한 기억으로 남아 있다.

사춘기 아이들은 종종 부모가 전혀 이해할 수 없는 말이나 행동을 한다. 느닷없이 수학여행을 가지 않겠다고 선언하거나, 바로 전까지도 잘 다니던 학원을 그만두겠다고 한다. 멀쩡한 물건을 버리고 다른 것을 사달라고 조르기도 한다. 부모는 야단을 치거나 그런 행동을 하면 안 된다고 논리적으로 아이들을 설득하지만, 돌아오는 것은 원망어린 시선 뿐이다. 부모로서는 영문을 모를 일이다.

하지만 아무리 부모 입장에서 이해할 수 없는 행동이라도 거기에는 아이 나름의 이유가 숨어 있다. 사춘기가 되면 아이들은 직설적으로 자기표현을 하지 않는다. 교묘하게 말을 돌려서 부모의 속을 떠보고 자기 속마음은 밝히지 않으면서 원하는 것을 얻으려고 한다. 이 때 현명한 부모라면 대화를 통해 아이의 마음속에 숨겨진 이유를 찾아낼 줄 알아야 한다.

모든 아이들이 가장 즐겁게 기다리는 일 중의 하나가 친구들과의 여행인데, 갑자기 수학여행에 가지 않겠다고 하는 것은 어떤 의미일까? 가장 일반적인 이유는 내 경우처럼 어울릴만한 친구가 없어서일 것이다. 다른 아이들은 모두 삼삼오오 모여서 함께 다니면서 수다도 떨고 즐겁게 노는데 자신은 친구가 없어서 혼자 다니고 혼자 밥을 먹어야 한다면 누구나 차라리 가지 않는 게 낫겠다고 생각할 것이다. 아니면 장기자랑 같은 수학여행 프로그램 중 하나에 참여하기가 난처해졌을 수도 있다. 나쁘게는 집단 괴롭힘처럼 심각한 문제가 있을 수도 있다.

평소부터 아이와 대화를 많이 하고 교감을 쌓아두어야 아이의 상태를 예민하게 파악하고 속마음을 읽을 수 있다. 아이의 행동에 감춰진 이유를 찾는 것은 아이를 이해하려고 노력하는 행동이다. 이런 노력

없이 아이의 행동을 사춘기의 변덕이나 쓸데없는 고집으로 치부하고 넘어간다면 아이가 보내는 정말 중요한 메시지를 놓칠 수 있다.

학부모 상담을 하면서 참으로 안타까운 점은 꼭 문제가 터진 후에야 아이를 살핀다는 것이다.

"우리 애가 친구를 때렸다고요? 무슨 말씀이세요? 그럴 리가 없어요. 맞으면 맞았지 때릴 애는 절대 아니에요. 선생님이 잘못 아신 것 아니에요?"

승현이는 학교에서 여러 번 친구를 때려 부모님과 함께 상담을 받게 되었다. 하지만 승현이 엄마는 승현이가 지금까지 사고 한 번 친 적 없는 순진하고 착한 아이라고만 생각하고 있었다. 물론 어렸을 때는 부모 말 잘 듣는 착한 아이였을 것이다. 하지만 자라면서 아이가 느꼈던 마음속 폭풍은 알지 못했던 것이다.

"도대체 뭐가 잘못된 거죠? 어디서부터 잘못된 거죠?"

승현이 부모는 당황스러워서 어쩔 줄 몰라 했다. 초조하고 불안해서 벼랑 끝에 선 심정이라고 했다.

그러나 아이는 문제를 일으키기 전에 반드시 사인을 보낸다. 그것도 여러 번 보낸다. 귀가가 늦어진다거나, 말수가 유독 적어진다거나, 갑자기 짜증이 늘고 분노를 폭발시키기도 한다. 아이가 이해하지 못할 말과 행동을 한다면, 사실은 이때야말로 그 신호를 눈치챌 절호의 기회일 수도 있다. 하지만 부모는 그 사인을 종종 알아채지 못하고 놓쳐

버린다. 아이의 변화를 사춘기의 흔한 일탈로 받아들이고 심각하게 생각하지 않는다. 설령 순간적으로 알아챘다 해도, 사춘기 아이들의 감정은 쉽게 변하기 때문에 다음 순간 괜찮아 보이는 아이의 모습에 '그럼 그렇지. 아닐 거야. 내가 너무 예민하게 받아들인 거야.'라고 하면서 그냥 넘겨버린다.

아이의 사인을 보고도 그냥 지나가는 것은 부모의 두려움 때문이다. 현실을 인정하고 싶지 않고, 우려했던 일이 사실로 드러날 경우 부딪쳐야 하는 문제들을 피하고 싶기 때문이다. 그래서 '곧 괜찮아질 거야. 그 나이 때는 다들 그러잖아.'라고 합리화하면서 문제를 피해간다. 하지만 자녀의 문제를 대수롭지 않게 여기고 방치하다가 결국은 소년원 신세까지 지게 되어서야 후회하는 부모를 여럿 보았다.

문제가 생기기 전 아이가 보내는 사인을 읽기 위해서는 평소 자주 대화를 하고 교감을 나누면서 자녀의 욕구를 민감하게 파악하고 있어야 한다. 식사시간이나 잠들기 전, 짧게라도 아이의 일상에 대해 묻고 답하면서 서로의 생각을 공유하는 것이 필요하다. 이 시간 동안만이라도 온전히 아이에게 집중하고 아이의 말을 경청하다 보면 아이가 보내는 사인의 의미도 어느 순간 알게 될 것이다.

자녀의 변화를 이끌어내고 싶다면 속마음을 읽어야 한다. 잘잘못을 따져서 나쁜 행동을 하지 못하게 하고 착한 아이로 만들겠다는 생각보다는, 행동에 숨겨진 메시지를 먼저 읽어야 한다. 아이가 어떤 상황에서 어떤 느낌을 받고, 어떤 생각을 하는지 이해하고 고려한다면 아이의 행동에도 적절하게 대응할 수 있다.

대화란 서로를 알아가고 받아들이는 과정이다. 부모와 대화하는 시간 동안 자녀는 생각의 틀을 잡아가고 신뢰를 쌓아간다. 자신이 있는 그대로 받아들여진다고 느끼면, 아이들도 마음을 열고 부모의 말에 귀를 기울인다. 대화를 통해 자신이 성숙한 어른으로 대접받고 있다는 것을 느끼고 무슨 일이든지 부모와 의논하면 해결이 가능하다는 믿음을 가지게 된다. 이러한 노력이 십대 문제를 막는 예방접종이 될 수도 있다.

자녀의 행동에는 반드시 이유가 있다. 행동 이면의 마음과 생각까지 읽을 줄 아는 민감한 부모가 되어야 한다.

3장

아이의 마음을 여는 공감대화

아이의 마음을 여는 공감대화

"아이와 대화가 눈에 띄게 줄었어요. 하루 종일 고작 몇 마디 주고받는 게 전부에요."

"아이와 얘기하다 보면 서로 감정만 상한 채 대화가 끝나버려요. 매번 돌아서면 후회하지만 대화가 안 통하니 부모 자식 간에 벽이 생기는 것 같아 너무 속상해요."

"엄마한테 말해봤자 제 마음을 이해하지 못해요. 벽 보고 얘기하는 게 차라리 나아요."

"아버지는 내 말을 들으려고 하지 않으세요. 무조건 지시하고 훈계만 하세요."

학교에서 학부모 상담을 하다 보면 부모들이 한결같이 호소하는 문제가 있다. 아이들과 대화하기가 힘들다는 것이다. 말을 걸어도 단답형으로 짧게 대답만 할 뿐 속마음은 절대 얘기하지 않고, 얼굴빛이 어두워서 고민이 있는가 걱정이 돼서 물어도 묵묵부답이라고 한다.

"우리 애는 제 말을 전혀 들으려고 하지 않아요."

"우리 아들은 대놓고 제 말을 무시해요. 도대체 왜 그러는 걸까요?"

부모들은 사춘기에 접어든 아이들이 아예 대화 자체를 거부한다고 생각한다. 말을 하지 않는 아이가 답답하고, 속상하고 서글픈 마음만 깊어진다. 홧김에 아이를 때리기도 한다.

아이들은 왜 부모와 이야기하지 않을까? 아이들에게 물어보았다.

"우리 엄마는 제가 얘기할 때 저를 쳐다보지도 않고 건성으로 대답하세요."

"내가 속상한 일이 있어서 엄마한테 얘기하면 엄마는 사정도 들어보지 않고 무조건 제가 잘못했다고 하시면서 야단쳐요."

"부모님하고는 말이 안 통해요. 말해 봤자 아무 소용이 없어요."

부모가 평소에 아이 말에 귀 기울이지 않았기 때문에 아이 또한 부모에게 말을 하려 하지 않는 것이다. 아이는 전적으로 부모에게 의존할 수밖에 없기 때문에 의도적으로 부모 말을 무시하거나 함부로 하지 않는다. 하지만 부모들은 자신이 듣고 싶은 말이 나올 때는 아이의 말에 귀 기울이다가도 관심사가 아니거나 부정적인 이야기가 나오면 아이의 말을 잘라버리거나 지루한 표정을 지어 보인다. 이럴 경우 아이는 감정이 상하고 가장 믿고 의지하는 부모에게서 거부당했다는 생각을 갖는다. 아이들은 자신의 말을 잘 들어주는 사람에게 마음을 연다. 그래서 부모 대신 자신을 이해하고 공감해주는 친구들에게만 고민을 털어놓는다.

물론 부모들이 사랑하는 아이의 말에 일부러 귀를 기울이지 않는 것은 아니다. 대부분의 가정에서 소통이 단절되는 것은 가족 간의 대화법이 잘못되었기 때문이다. 이야기를 하다 보면 어느 순간 부모가 큰 소리를 낸다. 아이는 조용한데 부모만 일방적으로 말을 한다. 상대방의 이야기를 들어줄 마음의 준비가 안 되어 있으면, 끝까지 진지하게 경청할 인내심이 없으면, 옳은 소리, 바른 소리만 하고 싶은 충동을 억누를 수 없다면, 부모 자녀간의 대화는 통역이 필요한 외국어가 되고 만다.

아이가 "응, 알았어." "네, 그렇게 할게요."라는 말 대신에 "왜?" "지금 꼭 해야 돼?" "싫은데."라고 얘기하기 시작하면 아이가 사춘기에 접어들었음을 의미한다. 그리고 사춘기에 접어들었다는 것은 이제 대화로 상황을 풀어나가야 할 때가 되었다는 뜻이다. 부모가 아이와 통하기를 원하는 만큼 아이도 부모와 대화하기를 원한다. 어떤 문제라도 마음을 열고 차분히 얘기를 하다 보면 실마리를 찾게 마련이다. 아무리 대하기 어려운 십대라도 부모 역시 십대였다는 사실을 기억하고 자녀 입장에서 대화하려고 노력한다면 그리 어렵지 않게 문제를 풀어갈 수 있을 것이다.

화법을 바꾸면 관계가 열린다

톨스토이의 소설《안나 카레니나》는 "행복한 가정은 모두 모습이 비슷하고, 불행한 가정은 모두 제각각의 불행을 안고 있다."라는 문장으로 시작한다. 행복한 가정을 살펴보면 공통분모가 있다. 바로 가족들 사이에 대화가 많다는 것이다. 대화가 많다는 것은 부모와 자녀간의 소통이 잘 된다는 것이고 소통은 곧 교감에 이르는 길이 된다. 가정은 아이들이 성장해서 사회에 나갔을 때 성공적으로 적응할 수 있도록 도와주는 역할을 하는 연습의 장이자 리허설 무대이다. 가정에서 긍정적인 의사소통을 경험하면서 아이들은 가치관을 확립하고 타인과 교감하는 법을 배운다. 부모에게 애정 표현을 많이 듣고 자란 아이들은 자신감과 자존감이 높다. 적응력도 뛰어나다. 특히 십대에 부모와의 정서적 유대감을 쌓고 교감하는 경험은 아이들의 삶에 중요한 영향을 미친다.

그러나 지금 우리는 가족 간 소통 부재의 시대에 살고 있다. 소통의 관이 막혀서 더 이상 사랑이 흐르지 못하는 관계가 되면서 아이들의 마음이 병들고 있다. 가족에 대해 물으면 아이들은 이렇게 말한다.

"대화가 별로 없어요. 밥도 혼자 먹을 때가 많고 부모님은 얼굴 보기도 힘들어요."

"집에 가도 대화할 사람이 없으니까 친구들과 늦게까지 놀아요."

취업 포털 '커리어'에서 직장인 1,574명을 대상으로 하루 평균 가족과 대화하는 시간을 조사했다. 그 결과에 따르면 대화하는 시간이 10분 미만인 가정이 18.6%였고, 10분 이상~30분 미만으로 대화하는 가정이 29.3%였다. 전체 응답자의 47.9%가 30분 미만밖에 대화를 하지 않는다고 답한 것이다.

맞벌이 가정이 늘면서 부모들은 더욱 바빠졌다. 해야 할 일들로 24시간이 모자라 아이들과 눈 맞추고 대화하기가 힘들다고 하소연하는 부모들이 많다. 그래서일까? 자녀와의 대화라고 해도 일방적인 정보 전달에 그치거나, 아이의 스케줄을 점검하고 누구와 무엇을 하고 지내는지 사생활을 염탐하는 수준에 그치는 경우가 많다. 관심과 마음을 주고받지 않는 대화는 소통이 아니다.

말이 안 통하면 소통이 불가능해지고 소통이 안 되면 가족 간의 유대를 표현하고 느낄 방법이 없다. 가정은 사람이 태어나서 처음으로 관계를 맺는 곳이다. 우리가 가정 안에서 어떤 관계를 맺고 어떤 감정을 경험하였는가는 평생 동안 우리를 따라다니며 이후의 수많은 인간

관계에 영향을 미친다. 따라서 가정은 행복의 시작이 될 수도 불행의 시작이 될 수도 있다.

어떤 가정이든 문제는 있기 마련이다. 행복한 가정의 비결은 작은 문제가 큰 문제로 확대되지 않도록 잘 관리하는 것이다. 그리고 그 관리 방법은 바로 소통이다. 가정의 문제는 가족 간의 소통이 잘 되면 원만하게 해결이 되지만 그렇지 못할 경우에는 문제가 점점 커져서 건잡을 수 없는 지경에까지 이르게 되는 경우가 많다.

아이들은 외모에서부터 성격, 심지어 식성까지 부모를 닮는다. 부모의 유전자를 물려받아 타고나는 것도 있겠지만, 가족이라는 울타리 안에서 함께 생활하면서 부모의 영향을 받는 부분이 크다. 자식은 부모의 성격과 외모를 물려받지만 대화법도 물려받는다. 소통이 잘 되는 행복한 가정에서 자란 아이는 성인이 되어서도 자신이 살았던 가정과 똑같은 가정을 꾸릴 확률이 높다. 반면 서로 대화가 없고 냉랭한 가정 분위기 속에서 자란 아이들은 부모가 되어도 행복한 가정을 꾸릴 수가 없다. 대화하고 소통하는 방법에 대해 배운 게 없으니 자식들에게 물려줄 수가 없는 것이다.

소통과 공감 능력은 사회생활을 원만하게 하는 데 필요한 덕목이자 행복한 가정의 원동력이다. 하지면 지금의 아이들은 소통이 단절된 가정에서 외로움에 떨다가 혼자만의 세계 속으로 깊이 침잠한 채 방황하고 있다. 이러한 환경에서 자란 아이들은 사춘기가 되면 갑자기 반항하거나 폭력적으로 돌변할 수 있다.

"우리 엄마는 나를 사랑하지 않아요. 나를 싫어하시는 것 같아요. 맨 날 화만 내세요."

상담실에서 만난 아이들 중에는 부모가 자신을 사랑하지 않는다고 느끼는 아이들이 많았다. 사랑을 전달하는 가장 효과적인 수단은 대화이다. 표현하지 않으면 아이들은 부모의 사랑을 느낄 수가 없다. 대화가 없으면 부모와 자식은 점점 서로를 이해하지 못하게 되고 오해의 벽이 쌓이면 사랑도 막힌다.

배수구가 막히면 아무리 상수도가 펑펑 잘 나와도 소용이 없다. 막힌 배수구 때문에 집안은 머지않아 악취로 가득찰 것이다. 평소 배수구망에 걸려있는 머리카락과 찌꺼기만 잘 청소해주면 배수구가 막히는 일은 생기지 않는다. 날마다 반복되는 사소한 습관이 하수도를 원활하게 돌아가게 한다. 자녀와의 대화도 마찬가지다. 그날그날 풀어놓아야 할 감정의 응어리를 풀지 않고 미루다 보면 어느 순간 부모 자녀의 소통은 하수구처럼 막혀 버리고 감정의 골은 깊어진다. 하루하루 습관처럼 흘려보낸 침묵의 시간 속에 서로의 감정은 흐르지 못한 채 고이고 만다. 단단히 굳어진 감정의 앙금을 푸는 방법은 대화와 소통뿐이다. 지금부터라도 대화의 습관을 만들어 매일 서로의 생각과 감정을 나눠가야 한다.

청소년기는 성인으로 독립을 준비하는 시기이므로 해야 할 과업이 많고 미래에 대한 불안과 두려움으로 힘든 시기이다. 청소년은 부모에게서 물질적인 지원뿐만 아니라 정신적인 지지와 위로도 함께 받기를 원한다. 그런데 말수가 줄고 입을 닫는 것은 부모와의 심리적 거리가 멀어진 탓이다. 평소 자주 자녀와 대화하며 사랑을 표현해하고 보여주어야 한다. 보여주지 않는 사랑은 반쪽짜리 사랑에 불과하다. 대화는 사춘기 병을 예방하고 치료하는 명약이다. 아이와 마음을 터놓는 대화를 하기 위해 부모가 먼저 대화 수업을 시작해야 할 때다.

잔소리는 대화가 아니다

많은 부모 자식 간에 대화가 잘 되지 않는 가장 큰 이유는 부모가 일방적으로 훈계를 하기 때문이다.

"학생의 본분은 공부를 열심히 하는 거야."

"게임은 숙제를 다 해 놓고 하는 거야."

부모가 이런 이야기를 시작할 때 아이는 할 말이 없다. 대화란 두 사람이 주고받는 이야기다. 한쪽만 일방적으로 말하고 다른 한쪽은 듣기만 하는 건 대화가 아니다. 하지만 부모는 자녀의 이야기를 듣기보다는 자신의 말만 지시조로 얘기하고 아이는 수동적으로 그 말을 따르기만을 바란다. 명령은 상사와 부하사이에서 이루어지는 것이지 부모와 자녀 사이의 언어가 되어서는 곤란하다.

민감하게 반응하는 사춘기의 뇌를 멈추게 하는 목소리가 있다고 한다. 미국 피츠버그대와 UC버클리, 하버드대가 공동 연구한 결과에 따르면, 14세 사춘기들에게 특정한 녹음을 30초간 들려주었더니 뇌에서 부정적인 감정에 관한 영역은 점점 활성화된 반면 상대방의 입장을 헤아리고 공감하는 데 필요한 뇌의 활동은 점점 줄어드는 현상을 보였다. 사춘기의 뇌가 공감하길 거부했던 그 목소리는 바로 부모의 잔소리였다.

즉 잔소리를 들을 때 사춘기의 뇌는 멈춘다는 것이다. 부모가 아무리 목청을 높여 '너 잘 되라고 하는 소리'라며 강조하더라도, 그것이 잔소리라고 인식하는 순간 아이는 부모의 말을 더 이상 들으려고 하지 않는다. 부모는 계속 잔소리를 하면 언젠가는 아이의 머릿속에 그 말이 들어갈 것이라고 믿지만 그것은 잘못된 생각이다. 오히려 부모를 점점 더 무시하거나 화를 낸다. 사춘기 아이와의 대화를 효과적으로 이어가기 위해서는 잔소리는 금물이다.

물론 부모 입장에서 사춘기 아이와 대화하다 보면 하나부터 열까지 고쳐주고 싶고 해결해주고 싶은 문제투성이일 것이다. 그래서 부모는 아이에게 일방적으로 지시하고 따르도록 강제한다. "숙제 먼저 해 놓고 놀아라." "스마트 폰을 당장 끄지 않으면 가만 안 둔다." 등. 하지만 부모의 지시와 강제는 반감을 키울 뿐이다. 짧은 대화에 익숙한 요즘 아이들에게 부모가 길게 이야기하는 것은 설교에 불과하다. 아이에게 무언가를 가르치고 충고하겠다는 의미로 받아들여지므로 아이 입장에서는 대화로 여겨지지 않는다.

아이들이 상담 중에 부모와의 대화가 싫다면서 종종 꺼내는 불평이 있다. 부모들이 자신의 십대와 지금의 십대를 비교하면서 이렇게 말한다는 것이다.

"옛날에는 살기가 어려워서 너희들이 누리고 있는 혜택 같은 건 꿈도 꾸지 못했어. 공부를 하고 싶어도 돈이 없어서 못했지. 너희들은 뭐가 부족해서 그렇게 불평불만이 많니? 배가 불러서 그래. 쯧쯧."

"내가 학교 다닐 때는 과외 한 번 안 해도 공부만 잘했다."

"호강에 겨워서 그러지. 우리 때는 먹고살기 힘들어서 학교만 보내줘도 감지덕지였는데……."

부모의 십대 시절 이야기를 자녀에게 들려주는 것은 아이들에게 다가가기 좋은 방법 중 하나이다. 하지만 스토리가 훈계로 바뀌는 순간 자녀와의 대화는 본전도 못 건지고 막을 내리게 된다. 부모의 얘기를 잘난 척 하는 소리, 뻔한 잔소리로 듣기 때문이다.

아이들은 부모의 시대를 경험하지 못했고 상상도 할 수 없다. 지난 세월 운운하며 자녀를 비난하면 자녀와의 교감은 물 건너간 일이 되고 만다. 부모의 경험에 비추어 아이들을 평가하고 훈계하려고 해서는 안 된다. 부모의 경험과 지식을 억지로 먹이려 한다면 아이들은 체하고 말 것이다. 말을 물가로 끌고 갈 수는 있지만 물을 먹일 수는 없다.

또한 압력을 주고 훈계하는 말들은 자녀가 스스로 판단하는 능력을 기르지 못하게 하고 자신감과 창의력을 떨어뜨린다. 오랫동안 부모의 설교나 충고를 듣고 자란 아이는 부모에게 지나치게 의존적이며 자신의 의견이나 생각을 잘 표현하지 못한다. 이런 일이 반복되면 아이는 자신의 의견은 부모의 의견보다 못하다는 열등감을 갖게 되고 결국 스스로 결정하기를 포기한다. 무엇이 옳은지 가르쳐주는 것보다 십대들이 자신의 의견을 펼칠 수 있도록 해주는 것이 더 중요하다.

훈계를 통해서라도 아이에게 많은 걸 알려주고 시행착오를 덜 겪게 하고 싶은 것이 부모 마음이다. 하지만 준비가 되어 있지 않은 아이에게 무작정 설교를 하며 따르라고 다그친다면 아이들은 거부할 게 분명하다. 사춘기 아이들에게 압력이나 협박성의 말투는 더 이상 통하지 않는다. 변화를 위해서는 차라리 압력 대신 아이에게 바라는 모습을 부모가 먼저 보여주는 것이 효과적이다.

차분한 마음으로 대화하라

"주말인데 뭐 할 거니? 지난번에 읽던 책은 다 읽었니?"

"거의 다 읽었어. 카톡 답장만 하고 마저 읽을 거야."

"또 카톡이야? 하루 종일 스마트폰만 붙들고 있으니 성적이 잘 나올 리가 있나!"

"아, 왜 또 성적 얘기야?"

"네가 하는 꼴을 좀 봐! 얘기 안 하게 생겼나!"

"엄마하고는 말 안 해!"

"그래, 나도 너하고 말 안 한다. 아이고! 내 팔자야. 자식들이 하나같이 이 모양이니."

십대 자녀와 대화를 하다 보면 어느 순간 본론에서 멀어지고 나중에는 무슨 말을 하려고 했는지조차 잊어버리게 되는 경우가 있다. 책 이야기로 시작된 대화는 뜬금없는 팔자타령으로 끝을 맺고 집안 분위기는 차갑게 얼어붙는다. 마음에 안 드는 한 가지 때문에 부모는 말이 곱게 나가지 않고, 감정이 실린 부모의 말에 아이도 화를 내며 대꾸한다. 아이의 반응에 발끈한 부모는 평소 쌓였던 불평불만을 폭포처럼 쏟아낸다. 대화는 이미 물 건너가고 설교와 훈계만 난무하는 처참한 상황이 연출되다가 고성과 얼굴 붉힘으로 막이 내린다.

십대 자녀와 대화하기는 쉽지 않다. 처음에는 잘 되는 듯하다가도 말을 주고받는 과정에서 점점 감정적으로 반응하게 된다. 왜 이런 일이 생기는 걸까?

커뮤니케이션을 연구하는 학자들에 따르면 언어적 의사소통보다 비언어적 의사소통이 더 중요하다고 한다. 엄마들이 가장 많이 하는 의사소통 패턴은 잔소리다. 아이들은 엄마가 하는 말의 내용보다 화가 난 엄마의 표정이나 태도와 같은 비언어적 메시지에 질려버리기 때문에 엄마의 말을 들으려고 하지 않는다.

좋게 말을 했는데도 아이가 듣지 않아서 화를 낸 것이지, 처음부터 화를 냈던 것이 아니라고 부모들은 항변한다. 그러나 어른들과 달리 십대들은 놀라는 표정과 화난 표정을 잘 구분하지 못한다는 연구결과가 있다. 부모는 아이가 언제라도 부모의 감정 표현을 잘못 읽을 수도 있다는 것을 염두에 두고 대화해야 한다.

아이만이 감정을 잘못 읽는 것은 아니다. 부모 역시 자식의 감정 표현을 잘못 해석한다. 속상해서 입을 다문 아이의 모습을 화가 나서 반항하는 것으로 해석하거나, 시시각각 변화하는 아이의 감정을 따라가지 못할 수 있다. 따라서 부모는 "엄마가 보니까 너 지금 화가 많이 난 것 같은데, 어떠니?" 등으로 되물어서 소통의 오해를 줄이고 아이 스스로 자신의 감정을 정확하게 인식할 수 있도록 도와주어야 한다.

사춘기 아이와 대화를 할 때는 무엇보다 대화의 핵심에서 벗어나지 말아야 한다. 특히 성적 등 아이가 압박을 받는 주제, 잔소리나 훈계로 흘러가는 것은 아이의 감정을 건드리는 지름길이다. 이야기 주제에서 벗어난 훈계가 나오면 아이는 옳고 그름에 상관없이 억울함을 느끼고 반발한다. 또한 무슨 이야기를 하든 잔소리를 듣는다는 인상을 받아 부모와의 대화 자체를 기피하게 된다.

훈계를 해야 할 때는, 다른 이야기를 꺼내지 말고 훈계할 내용만을 곧바로 이야기하되 감정을 싣지 않고 차분하게 접근하는 것이 좋다. 사춘기 아이들은 부모의 말을 잘 듣지 않으려고 하고 어떤 이유를 대서라도 하기 싫은 일은 안 하려고 한다. 이때 아무런 설명도 없이 무조건 부모 말을 따르라는 식으로 아이를 윽박지르면 아이와의 관계만 나빠진다.

화내지 않고 차분하고 이성적으로 부모의 뜻을 설명하면서 훈계가 아닌 대화를 이어가야 한다. 감정이 상하지 않은 상태에서는 아이도 자기 행동의 이유를 설명할 수 있다. 여기에 부모가 공감하고 잘 대응하면서 행동을 바꾸어야 하는 이유를 설명하면 아이는 수긍할 것이다. 부모 입장에서도 아이의 이야기를 듣는 동안 아이의 입장을 이해할 수 있고, 아이의 변화를 위해 도울 일을 찾을 수도 있다.

논리적인 대화는 아이가 저항 없이 부모의 말을 받아들이고 자기의 생각을 정리하도록 도와준다. 생각이 정리되면 행동의 변화는 자연스럽게 일어난다.

이런 과정을 통해 아이는 자신의 생각을 객관적으로 정리하고 의견을 논리적으로 전달하는 법, 타인의 의견을 인정하고 받아들이는 법을 배운다. 부모와의 대화는 아이에게 의견을 나누는 법을 가르치는 최고의 방법이다.

십대가 좋아하는 이야기를 찾아라

자녀와 대화가 안 된다고 호소하는 부모들 중 상당수는 성적, 학교생활 등 너무 무거운 주제로 대화를 시작하는 경향이 있다. 잘 들여다보면 그 안에는 부모가 하고 싶은 말만 빼곡히 담겨 있을 때가 많다. 아이와 대화를 이어가고 싶다면 친구와 가볍게 수다를 떤다는 마음으로, 아이의 눈높이에 맞는 사소하고 가벼운 주제로 시작하는 것이 좋다. 부모가 하고 싶은 말이 아닌 아이가 하고 싶은 이야기로 대화하며 마음을 여는 과정이 필요하다.

대화도 하다 보면 점점 노하우가 생긴다. 나는 상담교사를 하고 있으면서도 큰아이가 처음 사춘기를 맞았을 때는 대화하기가 어려웠다. 하지만 그 경험을 바탕으로 삼아 둘째 아이와의 대화는 그리 어렵지 않게 이어갈 수 있었다. 일상 이야기나 아이가 좋아하는 가수나 배우 이야기로 말문을 열면 어느새 아이는 학교에서 있었던 일을 미주알고 주알 얘기하기 바쁘다.

아이에게 무조건 이야기를 해보라고 하기보다 내 얘기부터 하면서 자연스레 대화를 이어가는 것도 좋은 방법이다. 특히 부모의 십대 시절 이야기는 아이가 공감하기 쉬운 주제다.

"엄마는 너 만할 때 영화나 드라마 무지 열심히 봤는데. 좋아하는 배우도 참 많았고. 넌 누구 좋아하는 배우 없니?"

"나? 나도 있지. 근데 매번 바뀌어요. 새 드라마가 나올 때마다 마음이 바뀌는 것 같아."

"엄마도 그랬어. 좋아하는 연예인이 생길 때마다 브로마이드나 사진을 구해서 할머니 몰래 보곤 했었어."

"왜 몰래 봐요?"

"응, 할머니는 유행가도 싫어하셨고 연예인 따라다니는 애들 보면 굉장히 한심해 하셨거든."

"할머니가 그러셨구나. 엄마는 십대를 참 재미없게 보냈겠네."

"꼭 그런 건 아니야. 이건 비밀인데 엄마도 외할머니 몰래 딱 한 번 19금 영화를 본 적이 있어. 하고 싶은 건 꼭 해야 직성이 풀리더라. 지금 생각하면 아무것도 아닌데 말이야."

"나도 그래. 꼭 하고 싶은 게 많아."

"요즘은 뭐가 제일 하고 싶은데?"

부모의 십대 시절 이야기를 아이에게 들려주면 대화는 물 흐르듯이 자연스럽게 이어진다. 부모의 추억을 공유하는 경험을 통해 아이는 부모를 이해하게 되고 부모 역시 자신의 십대를 떠올리며 자녀의 행동을 이해할 수 있다.

진호는 좋아하는 여자 아이에 관한 고민을 아버지에게 털어놓았다. 자신의 마음을 표현하고 싶은데 거절당할까 봐 너무 두렵다는 것이었다. 진호 아버지는 자신의 십대를 떠올리며 그 시절 얘기를 아들에게 해주었다. 고등학교 다닐 무렵 좋아하는 여학생 얼굴 보기가 부끄러워서 일부러 먼 길을 돌아 학교를 가기도 했다는 이야기였다. 진호는 아버지의 얘기를 듣고 아버지도 자기와 비슷한 감정을 경험했다는 것을 알게 되었고 마음이 편안해졌다.

아이가 좋아하는 것에 대해 대화하는 것도 중요하다. 부모가 되면 아이는 이 세상 무엇과도 바꿀 수 없는 소중한 존재로 자리매김하게 된다. 아이를 더 깊이 사랑하기 위해서는 더 많이 알아야 한다. 내 아이가 좋아하고 아끼는 것에 대해 더 많이 알수록 이해의 폭이 넓어져서 소통이 수월해진다.

아무리 부모와 자식 간이라도 30년 가까이 나이 차이가 나므로 서로를 다 이해하는 것은 어렵다. 아이들이 좋아하는 음악이나 게임이 생경하게만 느껴질 때가 많을 것이다. 이럴 때는 솔직하게 다가가는 것도 하나의 방법이다.

"엄마는 솔직히 요즘 음악을 이해하기가 힘들어. 빠른 랩도 따라가기 힘들고. 하지만 네가 좋아하는 음악이니까 엄마도 한 번 들어볼게."

엄마의 이런 작은 시도들이 아이의 마음에 잔잔한 파문을 일으킨다. 엄마가 자신을 이해하려고 노력하는 것을 본 아이는 엄마의 배려에 고마움을 느끼고 마음을 연다. 음악에 대해 이야기를 나누다 보면 아이들은 신이 나서 아이돌 가수의 이름을 줄줄이 나열하곤 한다. 이 과정에서 평소 내가 보지 못했던 아이의 모습을 발견하게 된다. 엄마와 통한다고 느낀 아이는 얘기하기 힘든 고민을 털어 놓기도 한다. 아이돌 가수로 시작된 사소한 대화가 고민 상담으로 이어지고 소통이라는 큰 수확을 안겨준다.

잔소리는 가급적 줄이고 아이의 말에 귀를 기울이는 것이 좋다. 자기 이야기를 잘 들어주는 사람에게는 무슨 이야기라도 하고 싶은 게 사람 마음이다. 부모가 자신의 이야기를 진지하게 듣고 있다고 느끼면 아이들도 부모와 이야기를 하고 싶어 한다. 십대 아이들도 부모에게 자신의 생각과 감정을 이야기 하고 공감받기를 원한다. 어른의 시선이 아닌 십대의 시선으로 다가갈 때 아이들은 마음의 자물쇠를 풀고 내면의 문을 활짝 열 것이다.

아이는 판단이 아니라 공감을 원한다

"엄마, 나 이번 시험 망쳤어."

"뭐, 또 시험을 망쳐? 아이고. 무슨 과목을 망쳤는데? 또 수학이야?"

"……."

"내가 이럴 줄 알았다. 그러게 미리미리 공부 좀 하라고 했지. 수학은 매일 해야 한다고 해도 말도 안 듣더니."

"공부 안 해서 그런 게 아니야. 답안지를 잘못 썼단 말이야."

"아니, 답안지는 어쩌다 그랬어? 제출하기 전에 꼭꼭 확인하라고 몇 번을 말했어!"

"……."

아이가 문제나 고민거리를 털어놓을 경우 부모는 아이를 앉혀놓고 대화를 하자고 한다. 하지만 아이가 몇 마디 하기도 전에 곧바로 아이의 잘못을 지적하기 시작한다. 한바탕 질책과 비난을 쏟아붓고 나서 어느 정도 화가 풀리면 부모는 그때서야 "너도 할 말이 있을 거 아니야? 말을 해 봐."라고 한다. 하지만 아이는 할 말이 없다. 좀 더 정확하게 얘기하면 말을 하고 싶지 않다. 부모는 아이의 얘기를 들을 준비가 전혀 되어 있지 않고 아이 역시 이런 부모에게 아무 말도 하고 싶지 않다.

누구나 그렇지만, 사춘기 아이들은 자신의 마음을 알아주는 사람과 대화를 나누고 싶어 한다. 상대방이 판단과 비판 없이 자신의 말을 들어준다고 느끼면 아이들은 마음을 열고 자신을 드러낸다. 하지만 부모가 사소한 잘못까지 지적하고 비판하면서 아이의 행동을 판단하려 하면 대화는 실패로 끝난다.

부모의 일방적인 설교로 대화가 끝나버리면 자녀는 정작 자신이 하고 싶었던 말을 하지 못하여 부모에 대한 불만이 더욱 커진다. 부모는 아이와 대화를 했다고 생각하겠지만 아이는 전혀 그렇게 생각하지 않는다.

대화를 하려고 마음을 먹었다면 아이의 말과 행동을 부모의 기준으로 평가하고 판단하지 않아야 한다. 비판하거나 조롱하는 투의 말은 특히 금물이다. "뭐 하나 제대로 하는 게 없어." "도대체 누굴 닮아 이 모양인지." "내가 이럴 줄 알았어." 같은 말을 들을 때 아이는 좌절감을 느끼며 부모에 대한 반감을 키운다.

아이가 엄마에게 시험을 망쳤다고 털어놓은 것은 비난을 듣기 위해서가 아니다. 다음 시험의 대책을 세워달라는 뜻도 아니다. 속상한 마음을 표현하고 위로받고 싶었기 때문이다.

"열심히 공부했는데 성적이 기대보다 안 나와서 속상하겠구나. 조금만 더 노력하면 다음 시험에는 좋은 결과가 나올 거야. 힘내고 다시 시작하면 돼."

엄마에게 듣고 싶은 말은 이런 말이다. 하지만 성급한 부모들은 판단부터 하고 해결책 찾기에만 분주하다. 그러니 더 이상 부모에게 고민을 이야기하고 싶겠는가?

초보 상담교사 시절 학생들이 고민이나 힘든 점을 털어놓으면 아이를 도와주고 싶은 마음에 한시라도 빨리 해결책을 찾으려고 전전긍긍했다. 상황을 분석하고 판단하며 시시비비를 가리느라 아이 말을 경청하지 못했다. 판단하고 해결해주는 게 우선이 아니라는 사실을 그때는 몰랐던 것이다.

"엄마, 나 이번 수학시험 망쳤어."

"왜?"

"서술형 시험 답지를 앞면만 작성하고 뒷면은 하나도 못 썼어. 내가 뒷면까지 있다는 걸 잊어버렸나봐. 다 아는 문제였는데."

"그랬어? 정말 속상했겠다. 중간고사 준비도 열심히 했는데."

"응, 엄마. 나 너무 속상해. 내가 왜 이런 실수를 했는지 모르겠어."

"그래, 많이 속상하겠지만 사람은 실수를 통해서 배우는 것도 있단다. 다음부터는 더 꼼꼼히 문제를 살피게 될 거야. 앞으로 더 중요한 시험에서 이런 실수를 절대 안 할 거니까 오히려 다행이라고 생각하는 건 어떨까?"

"맞아. 다시는 이런 실수 안 할 거야."

얼마 전 학교에서 중간고사를 본 막내아이와 나눈 대화이다. 실수로 시험문제를 다 풀지 못했다는 이야기를 듣는 순간 내 머릿속은 아이에 대한 실망감으로 가득찼다. 침착하지 못한 행동을 꼬집고 지적하면서 앞으로 취해야 할 태도까지 낱낱이 가르쳐주고 싶었고, 해야 할 말이 스크린처럼 펼쳐졌다. 하지만 이렇게 했다가는 어떤 결과가 올지 잘 알고 있었기에 감정을 다스리기로 했다. 아이의 말을 끝까지 잘 들어주었고 속상한 마음에 공감해주었다. 금방이라도 눈물을 떨어뜨릴 것 같았던 아이는 나와의 짧은 대화 속에서 위로를 받고 스스로 해결책을 찾아갔다. 판단하지 않고 들어주는 대화의 효과를 절감한 순간이었다.

해결이 먼저가 아니다. 이해가 먼저다. 자신이 처한 문제 상황을 누구보다 잘 아는 이는 자녀이다. 이 순간 제일 속상한 사람도 부모가 아니라 자녀이다. 굳이 문제를 지적하며 자극하지 않아도, 잘 들어주고 진심으로 공감해주면 아이들은 스스로 길을 찾아간다. 변화를 이끌어내는 과정은 지루하고 힘들지만 지난한 시간들을 부모가 잘 버텨주면 아이들은 어느 순간 훌쩍 성장한다.

아이와 대화할 때 자꾸 지적하고 싶은가? 시시비비를 가리고 있는가? 아이의 말은 들리지 않고 내가 하고 싶은 말만 생각나는가? 그렇다면 아이와 진정한 대화를 나누지 못하고 있는 것이다. 모든 판단은 내려놓고 아이의 말에만 집중하자. 경청하고 반응하고 공감하는 것은 아이의 숨겨진 진짜 마음을 드러나게 하는 마법이다. 누군가에게 공감 받고 있다고 느끼면 아이는 자기 속의 모순된 감정이나 생각을 스스로 발견하고 벗어날 길을 찾는다.

조신영, 박현찬이 함께 쓴《경청: 마음을 얻는 지혜》는 경청의 비결을 이렇게 전한다. "상대방의 마음을 왜곡하지 않고 있는 그대로 받아들이기 위해 빈 마음이 필요하다." "텅 빈 마음이란 아무것도 생각하지 말라는 뜻이 아니라 자신의 편견과 고집을 잠시 접어두는 것" 부모의 편견과 고집을 잠시 내려놓으면 아이 마음의 소리를 제대로 들을 수 있다. 사춘기 아이와 대화를 나누기 위해 필요한 것은 '듣는 마음'이지 '판단하는 마음'이 아니다.

아이의 감정을 먼저 읽어라

"엄마, 내일부터 학원 안 갈래."

"왜? 무슨 일이야? 친구하고 싸웠니?"

"아니야."

"그럼, 선생님한테 야단 맞았어?"

"아니라니까."

"답답해 죽겠네. 도대체 무슨 일이야?"

"……."

"말을 해야 엄마가 듣고 해결을 하든지 말든지 할 거 아니야!"

어느 날 아이가 잘 다니던 학원을 안 가겠다고 선포했다. 부모는 당황해서 상황을 수습하려고 아이를 닦달한다. 달래어도 보고 비난도 한다. 폭풍처럼 쏟아지는 잔소리에 아이는 마음의 문을 더욱 걸어잠근다. 좌절감이 깊어지고 감정이 요동친다. 집안에 찬바람이 몰아친다.

부모는 자녀가 바르게 성장하기를 바라기 때문에 문제가 생기면 잘잘못을 따지면서 바로잡으려고 애쓴다. 하지만 사람은 감정이 상하면 아무리 올바른 말이라 할지라도 받아들이지 않으려고 한다. 특히 십대는 감정이 움직이지 않으면 아무리 훌륭한 해결책을 제시해도 절대로 행동으로 옮기지 않는다. 오히려 괜한 반항심에 마음에도 없는 소리로 부모의 화를 돋운다.

부모 역시 아이의 반항에 감정이 격해져서 자녀를 나무라거나 꾸짖는다. 그러다 보면 부모의 의도와는 달리 행동도 고쳐지지 않고 부모 자녀 관계만 깨지는 경우가 많다.

청소년기는 감정의 뇌인 변연계가 과잉 활성화되어 있기 때문에 이성보다는 감정의 지배를 받기 쉽다. 자녀의 잘못된 행동도 감정에 의해 유발된 것이므로 아이의 감정을 먼저 수용해주는 것이 필요하다. 학교에서 문제를 일으킨 학생들은 대부분 우울하고 슬프고 화난 감정을 꾹꾹 묻어두고 숨기다가 스트레스 상황이 오면 억압된 감정을 폭발시키곤 했다. 억눌린 감정이 예기치 않은 순간에 부정적인 형태로 표출되어 대형 사고를 일으켰다. 감정은 억압한다고 사라지는 게 아니다. 쌓이기 전에 자연스럽게 표현하고 해소해야 한다.

우리 사회는 은연중에 감정을 표현하는 것이 좋지 않다고 가르친다. 특히 남자아이의 경우 감정을 표출하는 것은 남자답지 못하다고 생각하기 때문에 표현을 억누르거나 삼킨다. 가정에서부터 감정을 자연스럽게 표현할 수 있도록 부모가 아이의 감정을 수용하고 받아들이는 것이 중요하다.

심리학자 다니엘 골먼은 "인간의 행동은 이성의 지배를 받기보다는 감정에 의해 더 많은 영향을 받는다."고 했다. 즉 어떤 생각을 행동으로 옮기느냐 마느냐는 이성이 아니라 감정이 좌우한다는 말이다. 아이의 감정을 공감하고 수용해주는 것이 행동을 수정하는 것보다 우선이 되어야 한다.

부모는 자녀가 감정의 홍수에서 빠져나와 마음을 진정시킬 수 있도록 도와주어야 한다. 이를 위해서는 아이의 감정을 먼저 읽어야 한다. 문제 상황에서 아이가 어떤 기분이 들었고 무슨 생각을 했을지 먼저 알아채고 그런 기분과 감정을 인정해주어야 한다.

"학원에서 안 좋은 일이 있었나 보구나."

"응. 옆반 애 때문에 화가 나서 더 이상 학원에 가고 싶지 않아."

"그랬구나. 잘 다니던 학원마저 가기 싫다는 생각이 들 정도로 화가 많이 난 모양이네."

"나도 모르겠어. 아까는 화가 나서 아무 생각도 안 났어. 어떻게 해야 할지도 모르겠고."

"화가 나면 아무 생각도 안 드는 건 엄마도 마찬가지야. 엄마한테 차근차근 얘기해 줄 수 있겠니?"

부모가 자신의 감정을 수용하고 있다는 메시지를 전달받은 아이는 부모와의 대화가 안전하다고 느끼고 깊은 속마음을 꺼내 놓을 수 있다. 자녀의 행동이 당장 걱정되고 못마땅하더라도 일단은 행동 이면의 감정에 충분히 공감한 다음 아이의 감정이 정리되었을 때 잘못된 행동을 수정하도록 지도해야 한다.

자녀의 감정을 이해하고 수용해주려면 부모 스스로 자신의 감정을 인식하고 그 감정을 자녀가 이해할 수 있도록 표현하며, 서로의 감정을 재경험해보는 능력이 있어야 한다. 한마디로 말해서 공감하는 능력이 필요하다.

공감은 사람을 변화시키는 힘을 발휘한다. 진심으로 공감받는다고 느끼면 마음속 깊은 곳의 진짜 생각이 드러난다. 무작정 선생님이 싫다고 하는 아이의 마음 깊은 곳에는 차별받는 것에 대한 불만이 있었고, 더 깊은 곳에는 친구보다 내가 못하다는 낮은 자존감이 자리하고 있었다. 그 아프고 힘든 마음을 누군가에게 공감받게 되면 자신의 모순된 감정이나 생각을 알게 되고, 거기서 벗어날 수 있는 길이 생긴다.

공감대화를 통해 아이는 자신의 감정을 받아들이고 다스릴 수 있는 힘을 키울 수 있다. 부모로부터 공감을 잘 받은 사람은 다른 사람을 잘 공감해준다. 마음속 감정의 재료가 풍부하기 때문에 상대방의 마음을 재빨리 읽고 그 사람의 입장에서 생각하고 느끼는 감정이입 능력이 뛰어나다.

반면 공감받은 경험이 별로 없는 아이는 자신의 진짜 속마음을 보지 못하기 때문에 겉으로 드러난 것에만 집착하게 된다. 방어하고 공격하는 데 에너지를 쓰느라 내면의 감정에 대한 통찰을 하지 못한 채 성장하여 자신을 통제할 수 있는 힘을 키우지 못한다.

모든 사람은 자기 감정을 이해받길 원하며 타인에게 존중받고 싶어 한다. 특히 사춘기는 부모와의 관계가 재정립되는 시기이므로 이 시기에 자녀의 마음을 이해하고 수용해주는 것은 부모 자녀의 건강한 관계를 위해서 꼭 필요하다. 부모가 아이의 감정을 이해하고 받아주면 화나 분노, 짜증과 슬픔이 눈 녹듯이 사라진다. 공감은 사춘기 자녀의 감정을 다루는 마법의 처방전이다.

듣고 반응하는 경청의 기술

로마시대에는 부부싸움을 하는 방법이 따로 있었다고 한다. 싸움이 심해지면 부부는 으레 신전으로 올라간다. 아무도 없는 신전으로 들어가서, 한 사람이 먼저 이야기를 시작한다. 그런데 여기엔 지켜야 할 원칙이 있다. 한 사람이 이야기를 할 때, 다른 사람은 토 달지 말고 그저 들어야 한다는 것이다. 아내가 마음속 이야기를 하면서 눈물을 흘리면 남편은 그동안 알지 못했던 아내의 마음을 알고 다정하게 위로한다. 아내 또한 남편이 불만을 토로할 때 자신의 입장을 설명하고 변명도 하고 싶을 것이다. 하지만 아무런 말도 하지 말고 끝까지 남편의 이야기를 들어야 한다. 이야기가 끝나면 아내는 남편의 입장에서 생각하게 되고 싸움은 미소로 마무리된다. 부부는 신전에 들어가기 전과 후에 완전히 다른 사람들이 되어서 나온다.

아이와 대화할 때의 방법도 이와 다르지 않다. 절대로 중간에 말을 자르면 안된다. 고개를 끄덕이며 끝까지 진심을 다해 아이의 말을 들어주어야 한다. 아무리 중간에 말을 하고 싶어도 꾹 참고 다 듣고 난 뒤에 부모의 의견을 말해야 한다.

그러나 대부분의 부모는 말하기만 하고 듣지 않는다. 부모도, 자녀도 듣는 사람은 없고 자기 말만 한다. 아이가 부모와 소통이 안 된다고 느끼면 부모의 사랑도 느끼지 못한다. 소통이 잘 되어야 충분한 사랑을 느끼고 사랑이 충만한 아이로 자랄 수 있다. 소통은 곧 사랑이다.

"사랑은 깊이 관심을 갖는 것으로, 관심을 행동으로 나타낼 수 있는 가장 평범하면서도 중요한 방법은 말을 들어주는 것이다."

정신과 의사 M. 스캇 펙 박사의 말이다. 들어주기만 해도 아이는 자신이 수용받고 있다는 느낌을 갖는다. 스캇 펙 박사는 자신의 저서《아직도 가야 할 길》에서 '잘 들어주기'를 대화의 출발이라고 강조했다. 옛말에도 이청득심(以聽得心)이라고 했다. 듣는 것으로 상대의 마음을 얻는다는 말이다. 자녀와 소통을 원한다면 아이의 말을 잘 들어주어야 한다. 그래야 마음을 얻을 수 있고 부모 자녀 관계는 순항을 지속할 수 있다. 좋은 말, 바른 말이 아이를 변화시키지 않는다. 경청이 아이를 변화시킨다.

경청을 잘 하는 데에도 기술이 있다. 말 잘하는 부모는 많아도 잘 들어주는 부모는 별로 없다. 들어주기는 저절로 되는 것이 아니다. 노력이 필요하다.

큰아이가 몇 주를 말을 하지 않는다. 한창 예민한 사춘기라고는 하지만 점점 말이 없어지는 아이가 걱정이다. 보다 못한 나는 토요일 오후 작심하고 아이와 마주앉았다.

"넌 도대체 뭐가 불만이니?"

"……."

"엄마 말이 말 같지 않니?"

"불만 없어."

"그런데 하루 종일 표정이 왜 그 모양이야?"

"……."

"아이고 속 터져. 말을 해야 알 것 아니야!"

지금 생각하니 속이 터지는 건 내가 아니고 아이였을 것이다. 무턱대고 이야기 좀 하자고 아이를 불러놓고는 화가 난 표정으로 다짜고짜 밀어붙였으니 얼마나 당황스러웠을까.

큰아이는 기질이 내향적이고 논리적인 아이라서 생각이 정리되기 전까지는 절대로 속내를 말로 표현하지 않는다. 침묵은 아이가 생각을 정리하는 시간이었음을 알지 못했던 나는 반항한다는 생각에 화를 내며 닦달했던 것이다. 나의 무지로 우리의 대화는 자주 벽에 부딪쳤고 매번 소득 없이 끝났다.

아이들과 대화할 때 부모들은 즉문 즉답을 요구한다. 질문을 던져서 바로 답이 나오지 않으면 화를 내고 다그친다. 부모가 일방적으로 훈계할 때, 부모에게 이야기해봐야 소용없다고 느낄 때, 다음 말을 하기 위해 생각중일 때 아이들은 침묵한다. 따라서 아이가 말하기를 원한다면 충분히 기다려주고 생각할 수 있는 시간을 주어야 한다. 그러면 아이들은 요구하지 않아도 자신의 이야기를 편안하게 풀어놓는다.

아이가 일단 말을 시작하면, 끝까지 들어라. 사춘기 자녀와 대화할 때 명심할 사항은 '듣고 또 들어주라'는 것이다. 아이들은 성인과 같은 언어 표현력이 부족하다. 그러다 보니 부모 입장에서는 아이의 말을 알아듣기 어려워서 답답할 때가 많다. 아이의 말을 끝까지 듣기도 전에 대화를 끊고 자기가 이해할 수 있는 방향으로 이야기를 끌어가려 하기 일쑤다. 그러나 대화의 기본은 끝까지 들어주는 것이다.

적절하고 차분한 질문도 이해의 수단이 될 수 있다. 같은 이야기를 놓고서도 사춘기 자녀를 둔 부모와 자녀는 서로 다르게 생각하는 경우가 많다. 각자의 말만 하다 보니 대화가 진전되지 않는다. 서로 엉뚱한 곳을 바라보고 있기 때문이다. 그러나 서로 입장이 다르더라도 엄마가 이야기를 들으려 한다는 것을 질문을 통해 표현하면 아이의 진심을 더 잘 끌어낼 수 있다.

"엄마와 생각이 조금 다른 것 같은데, 너는 어떻게 생각하니?"

"그때 네 기분이 어땠니?"

"엄마가 어떻게 해주면 좋겠니? 네 생각이 듣고 싶어."

아이도 당연히 나처럼 생각할거라 믿지 말고 자녀의 생각을 먼저 묻는 것이 필요하다. 어른의 입장에서 생각하면 아직 미성숙한 내 아이 마음에 공감하는 대화를 할 수 없다.

경청하고 있다는 신호도 말 못지않게 중요하다. 눈을 마주보며 고개를 끄덕이고 적절한 때 맞장구를 치는 등 아이의 말을 경청하고 있다는 신호를 지속적으로 보내야 한다. 엄마가 자신에게 관심을 가지고 열심히 듣고 있다는 것을 느끼면 아이는 마음의 문을 활짝 열고 속마음을 보여준다. 다른 일을 하면서 건성으로 대꾸하거나 무심하게 반응하면 열리려 하던 마음의 문은 다시 굳게 잠기고 만다. 귀로만 듣는 것은 의미가 없다. 부모의 반응에 진심이 담겨 있어야 한다. 아이는 부모의 반응에 매우 민감하기 때문에 반응이 진심인지 아닌지 본능적으로 알아차린다. 진심이 담긴 부모의 반응이 있어야만 자신의 이야기를 솔직하게 털어놓는다. 아이의 소리를 마음으로 들어주려는 부모의 자세가 진정한 대화로 가는 물꼬를 틀 수 있다.

내 아이가 무슨 생각을 하고 있는지 알려면 일단 들어주어야 한다. 알면 이해하게 되고 이해하면 사랑하게 된다. 자녀의 이야기에 귀 기울이고 짧은 시간이라도 아이와 정서적인 몰입을 경험하며 온전히 사랑을 나눌 때 아이는 사랑받고 있다고 느낀다. 먼저 잘 들어야 하고 그 다음에는 잘 듣고 있다는 사실을 아이에게 알려줘야 한다. 대화란 듣고 가르치는 것이 아니라 듣고 '잘 돌려주는' 것이다.

아이와 함께 고민하자

고민이 있을 때 아이는 가장 믿고 의지하는 부모에게 속마음을 털어놓는다. 그런데 부모 입장에서 볼 때 아이의 고민은 생각할 가치도 없는 하찮은 것들이 대부분이다. 그래서 듣자마자 무시할 때가 많다.

"그건 네 나이 때 누구나 하는 고민이야. 쓸데없는 생각 하지 말고 공부나 해."

"그런 걱정은 안 해도 돼. 지금은 네가 어려서 그 고민이 크게 느껴지겠지만 어른이 되면 아무것도 아니란 걸 알게 될 거야."

부모로부터 이런 말을 듣게 되면 아이들은 실망과 좌절을 느끼고 더 이상 부모와 대화를 하고 싶은 마음이 사라진다. 사람들은 대개 자신이 당면한 고민이 제일 크고 힘들다고 생각한다. 아직 미성숙한 십대 아이의 경우 이런 느낌은 더 강할 수밖에 없다. 중요한 고민을 무시당했다고 느낀 아이는 부모를 더 이상 신뢰하지 않게 되어 문제나 고민이 생길 때 부모 대신 친구를 찾는다.

중요한 것은 아이의 이야기를 아이 입장에서 진지하게 수용하는 것이다. 부모가 자녀의 고민을 반드시 해결해주어야 할 필요는 없다. 그저 부모도 아이 입장에서 고민하고 있다는 것을 보여주는 것으로 충분하다. 자신과 같이 생각하고 고민을 나누는 모습을 본 아이들은 부모에게 더욱 친밀감을 느끼고 가족애를 확인한다. 이미 십대를 지나온 부모들이 자신의 십대를 되돌아보며 그 시절 아이의 입장에서 편안하게 이야기하면 된다. 그러면 아이들은 귀를 기울이고 인생 선배의 생생한 이야기에 힘을 얻고 위안을 받을 수 있다.

시간이 지나면 자연히 해결되는 것이 사춘기 아이의 고민이다. 하지만 아이들이 원하는 답은 "시간이 지나면 다 해결될 거야."란 말이 아니다. 딱 부러지는 해결책도 아니다. 자신에게 관심을 보여달라는 것이다. "우리 딸, 친구 문제로 고민이 많구나. 고민이 있으면 엄마, 아빠와 같이 생각해 보고 함께 해결방법을 찾아지 않을래? 이런 고민을 함께 나눌 수 있어서 엄마, 아빠는 참 행복하네." 이런 위로와 격려가 부모가 해줄 말이다.

큰아이는 고등학생이 된 후 진로선택으로 고민에 빠졌다.

"엄마는 너 만할 때 아무런 고민 없이 진로를 선택했는데 너는 신중하게 선택하기 위해 애쓰는 걸 보니 엄마는 네가 참 대견하다."

진지하고 긍정적인 반응에 아이의 표정은 한결 밝아졌다. 고민을 함께 나누면서 아이의 마음을 먼저 헤아리고자 했다. 그런 뒤, 스스로 진로를 선택할 수 있게끔 진로캠프에 보내주었다. 아이는 진로캠프 활동을 통해 자신의 적성과 흥미를 발견하게 되었고 고민을 해결할 수 있었다. 내가 한 일은 아이의 고민을 무시하지 않고 잘 들어준 다음 스스로 해결책을 찾아갈 수 있게 방법을 제시해준 것이었다.

때로는 아이가 털어놓는 속마음이 부모로서 받아들이기 어려운 내용일 수도 있다. 특히 아이가 부모에 대한 원망을 털어놓을 때가 그렇다. 나름 최선을 다해 아끼고 사랑해온 아이가 부모를 원망하고 잘못을 지적하면 부모도 충격이 크다. 아이에게 화를 내고 부정하는 부모도 많다.

그러나 아이가 용기를 내어 이야기한 것을 부정하는 것은 이제까지 대화하기 위해 노력한 것을 모두 허사로 돌리는 일이다. 아이는 오히려 전보다 더 마음의 문을 굳게 닫고 부모를 불신하게 된다.

필자도 큰아이를 키우면서 알게 모르게 아이 마음에 상처를 많이 주었다. 때로 내가 기억조차 못 하는 일도 큰 상처로 간직하고 있었다. 어느 순간 아이가 마음의 문을 닫고 있다는 것을 느낀 나는 소통을 위해 노력하며 5년이란 긴 시간을 인내하고 기다렸다. 엄마의 노력이 헛되지 않았는지 아이는 조금씩 마음을 열고 다가왔다. 그러던 어느 날 아이가 옛날 이야기를 꺼냈다.

"엄마, 그때는 왜 그렇게 나한테 야단을 많이 쳤어?"

"수학시험 못 봤다고 나한테 뭐라 했던 거 기억나?"

사춘기 아이가 옛날 이야기를 꺼내는 것은 그동안 견고하게 쌓아두었던 부모와의 벽을 허물고 있다는 뜻이다. 마음속 어두운 방에 가두어 두었던 감정들을 드러내는 것은 좋은 신호이다. 그동안 아이와 소통하고 교감하는 시간을 별로 가지지 못했다면 반드시 아이 마음에 응어리진 감정의 실타래를 풀어주어야 한다. 그러므로 아이가 옛날 이야기를 꺼내면 무시하거나 회피하지 말고 공감해주고 받아주어야 한다. 그리고 "미안하다. 사랑한다."고 말하는 용기를 보여주어야 한다.

아이가 먼저 손을 내밀기는 힘들다. 사춘기 아이가 부모를 거부하는 것처럼 보여도 사실은 부모가 먼저 다가오기를 간절히 기다리고 있다는 사실을 기억해야 한다. 소통에는 부모의 용기가 필요하다. 자녀에게 먼저 다가가서 아이의 말에 귀를 기울이고, 무엇보다 자녀의 말을 중요하게 여긴다는 메시지를 주는 것이다.

4장
좋은 부모를 위한 십대 부모 수업

좋은 부모를 위한 십대 부모 수업

"너무 챙겨주어도 문제, 안 챙겨주어도 문제라 하니 어떻게 해야 할지 모르겠어요."

"아이가 저를 싫어하는 것 같아요. 마음 열기가 너무 어려워요."

"선생님! 부모 노릇 정말 힘들어요. 직장이라면 벌써 사표를 냈을 겁니다. 마음 같아서는 잔뜩 혼을 혼을 내고 싶지만 또 집을 나갈까 봐 야단도 못 치고……. 도대체 뭘 어떻게 해야 하나요?"

자식을 키우는 일을 농사에 비유해서 '자식농사'라는 말을 쓰곤 한다. 자녀양육이 그만큼 힘들고 어려운 일이기 때문일 것이다. 농사일을 시작하려면 농사에 대한 지식과 기술을 배우고 익혀야 한다. 자녀양육도 마찬가지다. 배워야 부모노릇을 제대로 할 수 있다. 공부하지 않는 부모는 자신의 한정된 경험과 지식만을 믿다가 자녀에게 잘못된 지도를 주는 오류를 범하기 쉽다.

심리학자 르마스터즈는 사람들이 부모가 된다는 것에 대해 매우 낭만적인 생각을 가지고 있다고 지적한 바 있다. 많은 부부들이 결혼해서 아이를 낳으면 저절로 부모가 된다고 생각하고 준비 없이 부모가 된다. 하지만 부모가 되기 위해서는 심리적, 경제적, 신체적으로 많은 준비가 필요하다. 한번 부모가 되면 평생 그만둘 수 없는 것이 부모의 역할이다.

부모는 자녀를 키우면서 수없이 많은 후회를 한다. 좀 더 일찍 아이와 대화하는 방법을 알았더라면, 좀 더 일찍 아이가 원하는 것을 알았더라면, 좀 더 일찍 아이가 겪을 변화를 알았더라면 등, 할 수만 있다면 지나간 시간을 되돌리고 싶을 때가 많다. 후회를 최소한으로 줄이려면 끊임없이 배우고 공부하며 노력해 준비된 부모가 되어야 한다.

호서대 유아교육과 조성연 교수는, 과거 우리의 부모들이 가졌던 부모 역할이나 부모됨에 대한 오해를 불식하고 부모가 되기 위해 무엇을 배우고 어떤 점에 대해 생각해 보아야 할지 고민해야 한다고 지적했다.

첫째, 누구나 부모가 되고 자녀를 낳음으로써 자연스럽게 부모 역할을 수행할 수 있다는 생각에서 벗어나야 한다. 현대 사회에 다양한 가족 유형이 등장하면서 자녀의 출산은 필수가 아닌 선택이 되었다. 따라서 부모 역할을 보다 효과적으로 수행하기 위해서는 올바른 부모 역할에 대한 지식을 부모가 되기 전에 획득할 필요가 있다.

둘째, 부모는 성숙하고 완벽한 존재이며 자녀는 부모에 종속된 미숙한 존재라는 생각에서 벗어나야 한다. 인간은 누구나 완벽할 수 없다. 부모도 단점을 지니고 있는 인간이기 때문에 실수를 범할 수밖에 없다. 따라서 부모가 되기 전에 어떤 부모가 될 것인지에 대해 부부가 서로 머리를 맞대고 고민해야 한다.

셋째, 부모가 되면 자녀와 자연스럽게 애정어린 관계가 형성될 것이라고 생각하는 오류에서 벗어나야 한다. 부모 자녀 관계는 매우 역동적이다. 혈연이기 때문에 다른 인간관계보다는 더 자연스럽게 애정어린 관계로 발전할 수 있지만, 친밀한 접촉을 통한 상호 교류를 유지하고 노력하지 않으면 관계는 언제든지 금이 가고 왜곡될 수 있다. 따라서 부모도 원초적인 사랑을 성숙한 사랑으로 승화시키고 그 사랑을 자녀에게 전달하기 위한 노력이 필요하다.

넷째, 부모가 되려는 사람은 자신의 자녀는 다른 아이들과 다르다는, 또 달라야 한다는 생각에서 자유로워야 한다. 누가 누구보다 잘나고 못났다는 생각, 자신의 자녀는 최고여야 한다는 생각에서 벗어날 때 올바른 부모로서의 역할을 수행할 수 있게 될 것이다.

시대가 변하면서 아이들의 인성과 인내심을 함께 책임지던 동네 아저씨와 친척 어른도 사라지고 마을 공동체도 사라졌다. 아이들을 키우는 것은 온전히 부모의 몫이 되었다. 그런데 부모는 부모 역할을 배운 적이 없다. 부모의 역할을 제대로 배우지 못한 부모는 잘못된 가치관과 생활습관, 인성을 자녀에게 대물림하기 쉽다.

부모는 자녀를 위해 평생학습자가 되어야 한다. 급한 마음을 잠시 내려놓고 이제라도 아이와 어떻게 잘 지낼 것인지, 문제가 있다면 어떻게 풀어가야 할 것인지 배워야 한다. 특히 청소년 자녀를 둔 부모라면 아이가 겪는 마음의 갈등과 불안, 학업에 대한 스트레스나 또래 관계에서 느끼는 불안에 대해 공감해주고 격려하는 일을 소홀히 해서는 안 된다. 자녀의 발달단계에 따라 부모의 역할도 변한다. 단계마다 새로운 전략을 세우고 자녀를 위해 자신을 변화시키려는 노력을 해야 한다. 사랑하는 법을 끊임없이 배워야 한다. 준비된 부모가 아이의 미래를 밝게 한다.

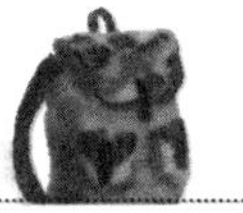

화내고 소리치는 것 말고도 해줄 일은 많다

사춘기 아이들과 부모는 하루하루가 전쟁을 방불할 정도로 사사건건 어긋나고 삐그덕거린다. 자율성의 욕구가 커진 아이들은 부모에게서 멀어지려고 필사적인 노력을 하는 반면 부모는 자신이 생각하는 기준과 틀에 아이를 맞추려고 하기 때문이다. 아이들은 거세게 대들고 반항하며 부모에게 도전장을 던진다. 이에 부모는 위기의식을 느끼고 버릇을 고치려고 조급해 한다.

자녀와 힘겨루기를 하는 부모들 중에는 특히 아버지가 많다. 우리나라는 전통적인 가부장제도 속에서 남자의 권위를 세워주는 풍습을 오랜 기간 동안 유지해 왔다. 그래서인지 마치 왕처럼 군림하면서 아내와 자식 모두에게 순종을 요구하는 아버지들이 많이 있다. 아이가 부모의 말을 듣지 않고 대드는 것을 가장의 권위에 대한 도전으로 받아들이고 아이를 윽박지르고 다그친다. 아이가 말을 듣지 않으면 힘으로

라도 제압하려고 한다.

하지만 자녀 문제는 누가 이기고 지느냐의 문제가 아니다. 어떻게 해야 내 아이가 더 행복해질까를 고민해보면 답은 분명해진다. 부모와 자녀간에 팽팽한 힘겨루기가 계속되면 자녀와의 관계는 줄이 끊어지는 현악기 꼴을 면치 못한다.

사춘기 아이에게 무조건 복종을 강요하면 반항을 부를 뿐이다. 사춘기는 독립된 인간으로 살아가려는 준비를 하는 시기이기 때문에 부모가 옳다고 믿는 대로 무조건 끌고 가려고 해서는 안 된다. 강압적이고 독재적인 부모의 태도가 전통적인 가부장제에서는 통했을지 모르지만 요즘 아이들에게는 교육적인 효과가 거의 없다. 말을 안 들으면 혼나기 때문에 복종할 뿐이지 부모에 대한 불만은 점점 쌓인다. 아이가 반항하는 것은 부모와의 관계를 부정적으로 만들어 놓은 부모 책임이 크다. 자녀를 '고집 세고 말 안 듣는 놈'으로 보는 한, 아이는 결코 반항을 멈추지 않을 것이다.

큰아이가 어렸을 때 가족여행을 간 적이 있었다. 숙소에 도착해서 짐을 풀고 정리를 하는데 아이가 말도 안 되는 고집을 피우며 말썽을 부리기 시작했다. 아무리 달래도 말을 안 듣자 화가 난 남편이 아이에게 손을 댔다. 안타까운 마음에 빨리 아빠한테 잘못을 빌라고 했지만 아이는 끝까지 잘못을 인정하는 말을 하지 않았다. 이대로 가다간 애를 잡겠다 싶었던지 남편은 회초리를 내려놓았다. 그 후로 우리 부부는 절대로 아이에게 손을 대지 않았다. 대신에 대화를 통해 의견을 주고받았으며 논리적으로 설득하는 과정을 통해 의견수렴을 해 나갔다. 자존심이 세고 자기주장이 강했던 아이를 끝까지 힘으로 제압하려고 했다면 지워지지 않는 상처만 남기고 상황은 더욱 나빠졌을 것이다. 힘으로 윽박지르기 전에 다시 한 번 생각해 봐야 한다. 화내고 소리치면서 때리는 것 말고도 부모가 할 수 있는 일은 얼마든지 있다.

《장자》 달생편(達生篇)에 '목계지덕(木鷄之德)'이란 말이 나온다. 싸움닭이 나무로 만든 닭처럼 흔들림 없는 평정심을 갖추면 상대는 바라보기만 해도 도망친다는 이야기이다. 이 말은 부모가 지녀야 할 권위와 위엄의 성격을 잘 설명해 준다.

권위 있는 부모는 자녀의 말에 먼저 귀를 기울이고 대화 상대가 되어준다. 혹시 자녀가 약속을 지키지 않을 경우 그 결과에 따른 책임을 지도록 한다. 무엇보다 자녀가 부모의 사랑을 느낄 수 있도록 해주고, 스스로 결정을 내리고 책임지면서 자립심을 키우도록 도와줄 때 부모는 진정한 권위를 갖춘다. 권위적인 부모와 권위 있는 부모의 차이를 분별할 줄 아는 지혜가 필요하다. 부모의 권위가 적절할 때 가족이라는 울타리는 평화롭게 유지될 수 있다.

질풍노도의 시기를 지나고 있는 사춘기 아이들은 스스로도 통제가 힘든 신체적, 정서적 변화를 겪고 있다. 자신을 찾기 위한 이들의 좌충우돌은 때로 이유 없는 반항이란 오해를 사기도 한다. 하지만 가장 힘든 건 아이들이다. 어른으로 성장하기 위한 사춘기의 성장통을 겪는 아이들을 너그럽게 바라보고 품어주는 부모의 배려가 필요한 시점이다. 사실은 아이들도 부모의 고마움은 잘 알고 있다. 아이가 사춘기의 힘든 강을 무사히 건너고 나면 부모들은 비로소 깨닫게 된다. 그때까지 버티기만 하면 된다는 것을 말이다.

한걸음 뒤로 물러서서 지켜보자

아이가 시험이 끝나고 친구들과 놀고 싶다고 해서 허락을 했다. 삼삼오오 모여서 맛있는 것도 먹고 노래방에서 노래도 부르면서 스트레스를 풀고 온 아이가 말했다.

"엄마, 우리가 노래방에서 놀고 있는데 수현이 엄마가 전화를 하셨어. 수현이가 조금만 더 놀고 싶다고 울면서 사정을 했는데도 엄마가 무조건 안 된다고, 바로 집으로 오라고 해서 놀지도 못하고 갔어."

"그래?"

"수현이 엄마는 평소에도 시시때때로 전화해서 어디 있냐고 물어보고 조금이라도 늦으면 막 화를 내신대. 걔는 나중에 남자친구가 생기면 엄마한테는 절대로 말 안 할 거라고 했어. 수현이가 참 안됐어."

아이의 일거수일투족을 감시하고 통제하면서 아이의 모든 것을 알고 있다고 착각하는 부모가 많다. 하지만 이건 오산이다. 부모가 엄하면 엄할수록 아이들은 모든 것을 철저하게 감춘 채 자기만의 비밀의 방에 틀어박힌다.

'가족과 일 연구소(FWI, Families and Work Institute)'의 엘렌 갈린스키는 자녀가 성장 발달함에 따라서 부모의 역할도 바뀌어야 한다고 했다. 아이들은 부모의 보호를 받아야만 살아갈 수 있는 미완성의 존재로 태어나, 여러 단계를 거치면서 독립된 인격체로 성장해간다. 사춘기는 정체감이 형성되면서 자신만의 신념과 가치관이 형성되는 시기이므로 이전과는 다른 부모 자녀 관계를 정립해야 한다. 갈린스키는 사춘기를 부모 자녀가 상호 의존하는 시기라고 정의했다. 서로의 역학 관계를 수용하고 자녀의 변화를 받아들이는 자세가 필요하다.

최근 결혼 후에도 부모 품을 떠나지 못하는 '캥거루족 신혼부부'가 늘고 있다. 살림살이와 청소, 육아는 물론 심지어 부부싸움에도 부모가 개입한다. 전문가들은 어릴 때부터 지속된 부모의 치맛바람 등이 신혼부부의 홀로서기를 막는 한 요인이라 분석한다. 부모의 간섭은 부부싸움이라고 예외는 아니다. 급기야 최근에는 이혼조정 법정에 부모와 함께 나오는 일도 있다고 한다. 현직 가정법원 판사는 "그런 분들이 종종 있어서, 당사자들에겐 '성인간의 문제인 만큼 본인만 참석했으면 좋겠다'고 꼭 당부한다."고 말했다. 이어 이 판사는 "그냥 내버려두면 부모와 조정 법정에 동석하는 일이 더 많을 것"이라며, "일부 젊은 부부들은 부모뿐 아니라 이모에 누나들까지 대동하기도 한다."고 덧붙였다.

설동훈 전북대 사회학과 교수는 "어릴 때부터 하나부터 열까지 부모가 간섭하다 보면 자녀도 그게 당연하다고 생각하며 독립할 생각을 하지 못하게 된다."면서 "자녀가 성인이 되면 독립할 수 있도록 마음을 열어줄 필요가 있다."고 했다. 또 "자녀도 새로운 배우자와 가정을 꾸린 만큼 부모와의 관계를 재정립하는 게 바람직하다."고 덧붙였다.

한 걸음 뒤로 물러서서 지켜보는 일은 양육의 초점을 관계로 전환하는 출발점이다. 지금까지는 부모의 입장에서 통제의 전략을 사용했다면 이제부터는 아이의 입장에 중점을 두고 관계의 발전과 진화에 초점을 맞추어보자. 지나친 통제와 간섭을 배제하고, 선불리 부모가 원하는 방향으로만 이끌기보다는 아이 스스로가 관심을 갖고 하고 싶어 하는 일에 주목해야 할 시기이다.

부모가 자율적 환경을 제공하는 가정의 자녀들이 학업에 대해 높은 흥미를 갖게 된다는 연구결과가 많다. 이은주 연세대학교 교수가 우리나라 대학 신입생 423명을 대상으로 실시한 연구에서도 부모 자녀 관계가 긍정적인 학생들일수록 자율성이 높았으며 친구들과의 관계성도 좋은 것으로 나타났다.

결국 무엇을 보느냐의 문제이다. 아이의 자율성을 존중할 때, 부모의 두려움에 가려져서 보이지 않았던 아이의 잠재력을 발견하고 계발할 수 있다. 부모가 생각하는 방법이 항상 최선이라는 착각에서 벗어나야 한다. 아이를 믿는 것은 생각보다 어렵지 않다. 처음에는 작은 일부터 시작하면 된다. 아이가 실수를 통해서 배워나갈 수 있도록 기회를 주고, 아이가 의사결정에 익숙해지는 과정을 즐거운 마음으로 지켜보는 것이다. 넉넉한 인내와 애정이 있다면 기다리는 사이, 자연스럽게 아이에 대한 신뢰가 자라나고 어느새 전적으로 아이를 믿는 자신을 발견하게 될 것이다.

자녀를 믿고 자녀의 실수를 허용하고 기다려줄 때 아이는 독립된 개체로 설 수 있다. 간섭과 관심은 그 차이가 매우 크다. 아이에게 관심을 갖는다는 것은 아이를 지켜보면서 기다려주는 것이다. 하지만 대부분의 부모들은 기다려주는 데 익숙하지 못하다. 자기도 모르게 간섭하고 통제하여 시행착오의 기회를 주지 않는다.

성장이란 곧 시행착오의 과정이다. 아이를 안전한 둥지에만 잡아두려고 해서는 안 된다. 관리하고 감독하는 부모가 될 것인지 아이들의 성장 과정에서 영감을 주고 격려하는 부모가 될 것인지는 오로지 부모에게 달려있다. 아이의 서툰 몸짓도 아낌없이 격려해주고 지지해주는 부모를 아이는 원한다.

단점을 지적하기보다 장점을 칭찬하자

담임교사가 한 학생의 상담을 의뢰했다.

"특별히 사고를 일으키는 아이는 아닌데 주눅이 들었는지, 대화할 때 상대방과 눈을 맞추지 못해요. 무슨 문제가 있는 건가요?"

수용이는 나와도 눈맞춤이 되지 않았다. 한창 씩씩하고 우렁찬 목소리를 자랑할 고등학교 남학생의 목소리가 모기 소리만해서 여간해서는 알아 듣기가 어려웠고, 시선은 상담자인 내가 아닌 책상을 향해 있었다. 상담 내내 답답해서 힘들었지만 어쩌다 저렇게 주눅이 들었을까 안타까운 마음이 더 컸다.

상담이 끝날 무렵 나는 수용이에게 넌지시 물어보았다.

"너 혹시 최근에 부모님한테 칭찬받은 적 있니?"

"칭찬요? 그런 거 한 번도 받은 적 없는데요."

아이는 마치 '칭찬'이란 단어를 처음 듣는다는 표정으로 나를 쳐다보았다. 칭찬이란 보약을 한 번도 먹어본 적이 없는 듯했다. 믿기 어렵겠지만 수용이 뿐만 아니라 상담실에서 만났던 많은 아이들이 부모로부터 한 번도 칭찬받은 적이 없다고 얘기했다.

부모는 아이가 부정적인 행동을 했을 때는 바로 지적하고 야단을 친다. 하지만 칭찬받을 만한 긍정적인 행동을 했을 때는 지나칠 때가 많다. 또 아이를 걱정하는 마음이 앞선 나머지 아이의 단점을 찾아 챙기느라 노심초사한다. "넌 수학이 약하니까 수학을 좀 더 열심히 해." "이것을 못하니까 조금 더 노력해야 돼."라고 얘기한다. 장점에 집중하기보다는 늘 단점에 초점을 맞추는 것이다.

이런 태도는 자녀에 대해 '나는 매일 사고만 저지르는 부족한 아이'라는 인식을 심어주는 것과 같다. 평소 부모로부터 칭찬을 받지 못했거나 꾸중만 들은 아이들은 자신감이 없다. 자존감이 낮고 부정적인 자아상을 가지고 있다. 스스로 '난 제대로 하는 게 하나도 없어.' '난 별 볼 일 없는 사람이야.'라고 생각한다.

청소년기에는 자신에 대해 긍정적인 자아상을 갖는 게 아주 중요하다. 긍정적인 자아상을 가진 아이들은 남의 말에 쉽게 상처받지 않는다. 실패해도 쉽게 좌절하지 않고 다시 일어설 수 있는 힘이 있으며 남들과 불필요한 비교로 마음을 다치지도 않는다. 자신의 단점도 있는 그대로 수용할 수 있는 여유로운 모습을 보여준다.

부모는 아이의 장점을 찾아서 칭찬해주고 자신이 세상에서 하나밖에 없는 '특별한 존재'라는 것을 느낄 수 있도록 해주어야 한다. 단점이 걱정스럽더라도, 100을 노력해서 10을 얻을 수 있는 단점에 초점을 두기보다는 10의 노력으로 100의 성과를 낼 수 있는 장점에 집중하는 게 훨씬 더 효과적이다. 잘하는 것을 해서 성과를 내면 아이들은 자신감이 생기고 자신에 대해서도 긍정적인 이미지를 형성한다. 사람은 자신이 소중하고 특별한 존재임을 인정받고자 하는 기본적인 욕구가 있다. 십대에는 더더욱 그렇다. 자신이 삶의 주인공일 때만 아이들은 배역을 위해 열심히 준비하고 노력한다.

그리스 신화에서 유래한 '피그말리온 효과'라는 말이 있다. 누군가에 대해 긍정적인 믿음이나 기대를 가지고 있으면 그 기대를 충족시키는 결과가 나온다는 것이다. 조각가인 피그말리온은 자신이 만든 조각품을 사랑하게 되었는데 그의 간절한 기도에 감동한 여신 아프로디테가 그 조각에 생명을 불어넣어 사람으로 만들어 주었다고 한다.

피그말리온 효과를 교실에서 증명한 실험도 있다. 하버드대학교 심리학 교수인 로버트 로젠탈과 레노어 제이콥슨은 샌프란시스코의 한 초등학교 학생들을 대상으로 피그말리온 효과를 입증하기 위한 실험을 했다. 1학년에서 2학년으로 올라가는 학생들 중 20%를 무작위로 뽑아 교사에게 명단을 주면서 "지능이 높고 공부를 잘 하는 학생들이다."라고 말했다. 1년이 지나 이 학생들의 성적표를 보니 성적이 모두 상위권이었고 교사들의 평가란에는 모두 "똑똑하고 공부를 잘한다."라고 적혀 있었다. 무작위로 추출한 아이들의 성적이 좋아지고 지능도 높아진 것이다. 그 이유는 비디오에 찍힌 교사들의 태도에 있었다. 교사들은 수업 중에 이 학생들과 자주 눈을 맞추고 고개를 끄덕여줬으며, 질문에도 긍정적인 반응을 보였다. 교육자들은 로젠탈의 실험을 통해 칭찬의 긍정적인 선순환 구조를 발견했다. 즉, 학생에 대한 선생님의 긍정적인 기대가 언어적 비언어적 피드백으로 학생에게 전달되고, 학생은 이를 보며 교사의 긍정적인 기대감에 부응하려고 노력한다는 것이다. 기대와 칭찬, 격려가 갖는 힘을 다시 한 번 깨닫게 해준 실험이다. 연구자의 이름을 따서 피그말리온 효과를 '로젠탈 효과'라고도 한다.

피그말리온 효과를 자녀교육에 활용하면 좋은 결과를 얻을 수 있다. 부모가 아이에 대해 긍정적인 기대를 가지고 격려해줄수록 아이도 자신감을 가지고 부모의 기대에 부응하려고 노력하기 때문이다.

다수의 성공한 사람들의 삶 이면에는 어린 시절부터 긍정적인 사고와 격려를 아끼지 않는 엄마의 말이 있었다. 제너럴 일렉트릭의 전 회장 잭 웰치는 어릴 적 키가 아주 작고 말까지 더듬는 보통 이하의 아이였다. 그런 그를 경영의 귀재로 만든 것은 엄마의 긍정적인 말이었다. 잭 웰치의 친구들이 말더듬이라고 놀릴 때 엄마는 그에게 "네가 말을 더듬는 것은 네가 매우 똑똑하기 때문이야. 네 머릿속의 생각이 네가 말하는 속도보다 빨리 움직이고 있기 때문에 말을 더듬는 것이란다. 어느 누구의 혀도 네 똑똑한 머리를 따라갈 수 없을걸?"이라고 아이를 격려하곤 했다. 어린 잭 웰치는 엄마의 말을 믿고 말을 더듬는 자신을 더 이상 부끄러워하지 않게 되었다. 오히려 자신이 친구들에 비해 뛰어나다는 자신감을 갖고 도전을 두려워하지 않게 되었으며, 역경과 시련이 찾아와도 잘 극복할 수 있었다.

그러면 어떻게 칭찬을 해야 효과적일까?

칭찬을 할 때는 아이의 행동을 구체적으로 칭찬해야 한다. "잘했다."는 식의 막연하고 건성으로 하는 칭찬을 들으면 아이들은 무엇을 잘했는지 몰라서 당황하거나 상투적인 말로 받아들여 식상해 한다. 행동을 구체적으로 칭찬하면 그 행동은 더욱 강화되어 아이는 전보다 더 노력하게 된다.

결과보다는 과정과 노력을 칭찬해야 한다. 부모들은 보통 결과를 가지고 칭찬할 때가 많다. 시험에서 100점을 맞았을 때 부모가 그 결과를 가지고 칭찬을 하게 되면 100점을 받지 못했을 때는 자신의 가치가 떨어진다고 생각한다. 결과가 만족스럽지 못하더라도 열심히 한 과정에 대해 칭찬해주면 아이는 다시 도전할 용기를 얻는다.

칭찬과 꾸중을 함께 해야 하는 상황이 생겼을 때는 칭찬을 먼저 하는 게 훨씬 효과적이다. 칭찬을 먼저 한 후에 고쳐야 할 것을 얘기하면 아이들은 비교적 쉽게 잘못을 인정한다. 하지만 꾸중을 먼저 하면 이미 기분이 상한 뒤라서 칭찬이 별로 효과가 없다.

의도를 갖고 아이를 칭찬해서는 안 된다. 의도를 갖고 하는 칭찬은 부모가 아이를 통제하고 지배하기 위한 수단으로 변질된다. 이런 칭찬은 부모의 칭찬을 받을 만한 행동을 할 때에만 조건적으로 사랑을 받고 있다는 메시지를 아이에게 보낸다. 칭찬은 순수하게 마음을 표현하는 것이어야 한다.

지나친 칭찬도 삼가는 것이 좋다. 무조건 남발하면 늘 하는 소리가 되어 더 이상 아이를 위로하거나 격려하지 못한다.

자녀가 둘 이상이라면 다른 자녀를 배려하며 칭찬해야 한다. 한 명에게만 칭찬할 일이 생긴 경우, 그 아이가 혼자 있을 때 하는 게 더 좋다. 칭찬에서 제외된 형제는 불필요한 열등감을 느끼게 되고 칭찬받은 아이는 불필요한 우월감을 느낄 수 있기 때문이다.

또 자녀 각각은 가지고 있는 능력과 개성이 다르다. 부모가 동일한 기준으로 칭찬하면 한 아이에게 칭찬이 편중될 수밖에 없다. 따라서 각자의 장점과 개성을 긍정적으로 평가하여 칭찬하는 태도가 필요하다. "너는 공부를 잘 해서 좋고, 너는 사회성이 뛰어나서 좋다. 너는 배려하는 마음이 커서 누구라도 너를 좋아하고 따를 것이다." 이렇게 칭찬해준다면 아이는 부모의 칭찬에 진심이 담겨있다고 느낄 것이다.

칭찬하는데 걸리는 시간은 짧지만 아이가 느끼는 행복감은 평생을 갈 수도 있다. 사소한 행동이라도 칭찬하고 싶은 면이 보이면 바로 칭찬하고 격려하면 된다. 칭찬은 고래도 춤추게 한다고 하지 않던가.

통계를 보면 우리 아이들은 평균 두 번 칭찬받는 동안 98번의 비난을 듣고 자란다고 한다. 터무니없는 숫자처럼 보일지 모르겠지만 잘 생각해 보면 신빙성이 있다. 부모들은 아이의 단점과 잘못한 것은 기가 막히게 발견하고 지적하지만 칭찬받을 만한 행동을 했을 때는 무심히 지나칠 때가 많다. 칭찬은 10초간만 아주 짧게 하고, 꾸중은 길게 1시간을 하기도 한다. 그래서 아이들은 칭찬에 목말라 한다. 사소한 말 한마디에도 죽고 살 정도로 집착을 하고 보상이 따르지 않으면 우울해하고 슬퍼한다. 칭찬이 고프고 관심이 부족한 아이로 자라지 않도록 부모는 애정 어린 관심으로 아이를 격려하고 지지해야 한다.

지금 당장 자신의 언어를 점검해보자. 부정과 비난의 말을 많이 했다면 바로 칭찬과 격려가 담긴 말로 바꾸어야 한다. 부모에게서 칭찬과 격려를 많이 받고 자란 아이들은 자신을 사랑할 줄 아는 자존감 높은 어른으로 성장한다. 부모의 말 한마디, 칭찬의 씨앗이 자녀를 풍성한 결실이 가득한 삶으로 이끌어준다.

'미안하다'고 할 줄 아는 부모가 되자

현수는 부모님에게서 "미안하다."는 말을 들어 본 적이 없다. 한번은 TV를 보다가 쥬스가 담긴 컵을 떨어뜨려 혼이 났지만, 같은 실수를 한 아빠는 "누가 컵을 여기에 놓았냐!"라며 오히려 큰소리를 쳤다. 엄마 역시 마찬가지다. 모처럼 함께 영화 보러 가기로 한 날 아무 말 없이 약속을 취소해 놓고는, 현수가 약속을 지키지 못했을 때는 불같이 화를 낸다. 처음에는 서운하고 화가 났지만 같은 일이 반복되니 이젠 포기했다고 했다.

"그냥 부모님은 원래 그렇구나 싶어요. 이젠 엄마 아빠가 저를 꾸중하는 것도 우습기만 해요."

부모님 이야기를 하는 현수의 태도는 냉랭하기만 했다.

부모들이 잘 하지 못하는 것 중 하나가 아이에게 사과하는 것이다. 어른이라고 해서 모든 면에서 완벽한 것은 아니다. 부모도 십대 자녀와 마찬가지로 불완전하고 미숙한 존재다. 때론 실수하고 잘못을 저지르기도 하며 큰 실패를 하기도 한다. 하지만 아이 앞에서 부모는 자신의 잘못을 합리화하려고만 들지 인정하고 사과하지는 않는다. 자녀에게 완벽하고 힘 있는 어른으로 보이기를 원하기 때문에 실수를 인정하는 것이 곧 자신의 약함과 치부를 드러내는 것이라고 생각하는 것이다. '애가 뭘 알겠어. 시간이 지나면 잊어버리겠지.' '쑥스럽게 사과는 무슨….'이라고 하며 회피하거나 뒤로 미룬다.

사과하지 않는 방어적인 부모 아래서 자란 아이는 부모와의 관계에서 존중받지 못한다는 기분을 느낀다. 내면에 반발이 쌓이고 굉장히 화가 나 있는 상태가 된다. 나중에는 부모와 관계가 점점 멀어진다.

부모라고 해서 모든 것을 알고 있는 것은 아니므로 실수하는 것이 당연하다. 부모도 약점이 있는 인간이기 때문이다. 있는 그대로의 자신을 보여주는 것은 아이에게 있는 그대로가 가장 좋다는 메시지를 전달하게 되는 교육적 효과도 있다. 부모 역시 불완전한 인간이며 실수할 수 있음을 부모 스스로 받아들여야 한다. 중요한 것은 실수를 했을 때 먼저 "미안하다, 사랑한다."라고 말해주는 것이다. 실수를 하지 않는 것이 미덕이 아니라 실수를 인정하고 다시는 같은 실수를 반복하지 않는 것이 최선이자 최고의 방책이다.

부모의 솔직한 사과를 받으면 아이가 부모를 무시하고 만만하게 대할까? 절대 아니다. 실수를 인정하고 사과하는 부모의 모습을 본 아이들은 '어른들도 실수할 수 있구나.'라고 이해를 하고 잘못을 저질렀을 때 어떻게 행동해야 하는지 배운다. 부모의 사과를 통해 부모에게 받은 마음의 상처를 치유할 수도 있다. 스스로 잘못을 인정하고 사과하는 부모는 신뢰와 권위를 동시에 세울 수 있다. 반면 부모가 자신의 옳지 않은 태도를 그냥 넘겨버리면 아이는 자기도 그냥 넘겨버리면 된다고 여기게 되거나, 부모에게 불만이 쌓여 관계가 악화된다.

가까운 관계에서 말다툼과 갈등은 자연스러운 현상이다. 이 과정에서 부모는 해서는 안 될 말과 행동으로 아이에게 상처를 준 적이 있을 것이다. 이런 문제가 생겼을 경우 어떻게 해결하는 게 좋을까? 바람직한 해결책은 솔직하게 사과하는 것이다. 자신이 잘못했던 부분을 인정하고 진심을 담아 사과해야 한다.

상담실에서 만났던 성민이는 아버지에 대한 불만을 토로하며 답답하다고 호소했다.

"어렸을 때부터 아버지는 저의 일거수일투족을 감시했어요. 일기장을 훔쳐보기도 했고 요즘은 친구들과의 문자 메시지를 일일이 확인해요. 아버지의 통제와 감시에 숨이 막히는 것 같아요."

아버지의 통제적인 양육방식으로 힘들어하던 성민이는 급기야 우울감까지 호소하기에 이르렀다. 아버지를 만나서 아이의 상태에 대해 알리고 협조를 구했다. 아버지는 아이를 위한다고 한 행동이 아이를 이렇게 힘들게 한 줄 몰랐다면서 무척 당황스러워했다. 내가 아버지에게 요청한 것은 '사과하기'였다. 지금까지 아이에게 했던 말과 행동에 대해 미안하다고 얘기하고 아이에게 진심으로 용서를 구하라고 말씀드렸다. 부모로서의 권위와 체면은 잠시 내려놓고 마음을 열고 다가가야 한다고 당부했다. 현수 아버지는 처음에는 선뜻 나의 제안을 받아들이기를 주저했지만 화해를 위한 첫 단계가 사과하기임을 거듭 말씀드렸더니 한번 해보겠다고 했다. 며칠 후 복도에서 만난 성민이는 표정부터 확 달라져 있었다.

"성민아, 요새 뭐 좋은 일 있니? 표정이 무척 밝은데!"

"선생님, 아버지가 변했어요. 저한테 잘못했다고 사과하시더라고요."

"그래? 아버지의 사과를 받아들였니?"

"생각해 보니까 아버지의 잘못이 아니란 생각이 들었어요. 다 저를 위해서 하신 행동인데 저한테 사과까지 할 정도로 잘못하신 건 아니잖아요. 이젠 다 잊어버렸어요."

부모의 진심어린 사과 한마디로 아이는 수년간 묻어 두었던 마음속 앙금을 깨끗이 털어버렸다. 아버지의 사과를 계기로 심한 잔소리의 바탕에 사랑이 있다는 사실을 알게 되었기 때문에 가능한 일이었다.

"엄마가 정말 미안해. 생각이 부족해서 네 마음을 아프게 했어."

"앞으로는 좀 더 깊이 생각해서 얘기할게."

아이들은 부모가 이렇게 말해주기를 기다리고 있다. 사과는 부모의 권위를 무너뜨리는 것이 아니라 오히려 부모와 자녀 사이의 벽을 허물고 신뢰를 키우는 역할을 한다.

연세신경정신과 손석한 원장은 "사과할 줄 아는 부모 밑에서 자란 아이는 자신의 실수나 잘못을 솔직하게 인정하는 용기를 갖게 되고,

다른 사람의 억울함이나 곤경 등을 이해하는 공감 능력을 갖출 수 있다."라고 했다. 하지만 부모의 잘못 뒤에 적절한 사과가 이뤄지지 않으면 평생의 상처로 남게 될 수 있다고도 경고했다.

명문대에 다니는 한 청년이 자신의 부모를 죽여서 토막 낸 끔찍한 사건이 있었다. 당시 모든 사람들이 이 청년을 부모를 죽인 패륜아로 몰아붙였다. 그러나 그 청년을 장기간 인터뷰하고 그의 일기를 분석한 심리학자 이훈구 교수는 그 청년이 아동학대의 피해자라고 결론지었다. 권위적인 아버지와 히스테릭한 엄마 사이에서 인간다운 대접을 받지 못하고 힘겨운 시간을 보낸 그 청년은 사건이 발생하기 며칠 전 처음으로 부모에게 반항을 했다. 왜 자신을 그렇게 학대하고 힘들게 했는지 따져 물었지만 어머니는 냉소만 지을 뿐 사과하지 않았다. 절망한 청년은 결국 존속살해라는 비극의 주인공이 되고 말았다. 그 청년은 경찰서에서 그때 어머니가 미안하다는 말 한마디만 해주었다면 그동안의 일은 다 잊었을 거라고 진술했다. 참으로 가슴 아픈 사연이 아닐 수 없다. "미안하다는 말이 그렇게 어려웠나요?"라고 절규하던 그 청년의 마음을 어머니가 알았더라면 비극을 미연에 방지할 수 있지 않았을까.

"부모가 큰 잘못을 했더라도 제대로 된 사과가 이뤄지면 아이의 상처는 잘 아물 수 있습니다. 부모의 사과는 무너진 아이의 마음을 복구시키고 치유하는 수술이나 약물과도 같은 역할을 합니다." 이훈구 교수는 이렇게 강조했다.

부모의 사과 여부에 따라 아이의 상처는 큰 흉터로 남을 수도, 말끔히 치유될 수도 있다.

아이에게 사과할 때는 진심을 담아서 직설적으로 표현해야 한다. "엄마도 물론 잘못은 했지만, 다 너 잘 되라고……."라는 식으로 자신의 행동을 정당화하거나 책임을 자녀에게 떠넘기는 발언을 해서는 안 된다. 아이는 변명으로 받아들이고 진심이 아니라고 여긴다. 확실하게 사과를 해야 한다. 혹시라도 아이가 사과를 받아들이지 않더라도 좌절하지 말고 기다려야 한다. 그럴수록 끈기를 가지고 아이 마음의 얘기를 들으려고 노력해야 한다.

"미안해"라는 짧은 말로 사과하는 것보다 어떤 행위로 인해 사과하는지 구체적으로 이야기하는 것이 좋다. 또 "엄마가 미안해." 또는 "아빠가 미안해."라고 사과의 주체를 명확히 표현하는 것이 좋다.

미안하다고 사과만 하고 이전과 달라지지 않으면 아이는 부모의 사과를 진정성 있게 받아들이지 않는다. 행동이 뒤따르지 않는 말은 오히려 상처만 준다. 아이들은 거짓 사과에 속지 않는다. 제대로 된 사과는 자녀와의 관계를 개선하고 서로를 이해하는 발판이 되지만 잘못된 사과는 유지되던 관계마저 끊어버릴 수도 있다.

"아빠는 한 번도 미안하다는 말을 한 적이 없다. 다른 아빠도 그럴까? 쓸데없는 자존심이 자식과의 관계를 악화시킨다는 것을 왜 모를까? 아무리 부모라도 자식에게 잘못을 했을 때는 수긍하고 사과를 할 줄 알아야 한다고 생각한다. 아빠가 너무 싫다."

상담실에 왔던 정미의 작문에 담긴 이야기를 세상의 모든 부모들은 귀담아 들을 필요가 있다. 비록 부모라 할지라도 자녀에게 잘못을 했을 때는 용감하게 자신의 허물을 고백하고 용서를 구할 줄 알아야 한다. 자녀와의 소통이 힘들다고 느끼는 부모라면 한 번쯤 미안하다는 사과의 말을 건네보자. 부모의 진심어린 사과의 말을 듣는 순간 자녀의 마음속 응어리진 감정은 봄 눈 녹듯 사라지고, 부모 자식 관계는 더욱 돈독해질 것이다.

형제간의 갈등을 조율하라

고3인 정현이는 형과의 갈등으로 힘든 시간을 보내고 있었다. 어느 날 퇴근을 하려고 교무실을 나왔는데 멀리서 한 학생의 모습이 내 눈에 확 들어왔다. 흡사 영화의 한 장면 속에서 튀어나온 듯 얼굴 전체가 심하게 붓고 보라색 멍으로 엉망이 되어 있었다. 너무 놀라 가까이 가서 봤더니 정현이였다. 형한테 맞아서 얼굴이 그 지경이 되었다고 했다. 기가 막혀 말이 나오지 않았다. 결국 정현이는 형과 한 집에 살지 못하고 따로 방을 얻어서 나올 수밖에 없었다.

흔히 형제자매는 아끼고 사랑하는 관계라고 여겨지지만 형제들의 우애는 피를 나누었다고 저절로 생기는 것이 아니다. 오히려 형제자매는 갈등을 피할 수 없는 관계에 가깝다. 성서에 나온 인류 최초의 살인은 형제였던 카인과 아벨 사이에서 일어났다.

태어나는 순간부터 형제자매는 부모를 공유하는 운명적인 라이벌

관계가 된다. 심리학자 알프레드 아들러는 동생을 본 첫째 아이의 심정을 '폐위된 황제'에 비유했다. 황제와 같은 자리에서 온갖 권위와 특권을 누리다가 어느 날 새로 태어난 동생에게 모든 것을 빼앗긴 첫째 아이의 심리를 표현한 말이다. 또 둘째 아이의 마음은 골키퍼가 버티고 있어도 골을 넣어야만 하는 심정에 비유되곤 한다. 내가 친정에 갈 때면 어머니는 손수 만드신 밑반찬과 고추장, 된장 등을 정성스럽게 싸서 나와 동생에게 나눠주셨다. 어머니는 분명히 똑같은 양으로 나누셨겠지만 우리는 고추장, 된장의 양을 따지며 성인이 되어서도 부모의 사랑을 가늠하려고 하곤 했다. 하물며 아이들이 부모의 사랑을 두고 시기와 질투를 하는 건 어찌보면 당연한 일이다.

둘째 아이가 태어났을 때 큰아이는 6살이었다. 터울이 있다 보니 관심은 자연스럽게 둘째에게 집중되었고 연이어 막내가 태어났다. 이 과정에서 큰아이에게로 가야 할 사랑이 둘째와 막내에게로만 향하게 되었고 상대적으로 애정결핍을 느낀 큰아이는 동생을 괴롭히는 행동으로 자신의 욕구불만을 표현했다. 하지만 나는 어린 동생을 괴롭히는 큰아이의 행동을 혼내기만 했을 뿐 아이 내면의 폭풍을 알지 못했다. 부모의 관심을 끌기 위한 아이의 노력은 번번히 실패로 돌아갔고 아이는 점점 마음의 문을 닫고 위축되었다. 당시 아이가 느꼈을 외로움과 소외감을 생각하면 안타깝고 미안할 뿐이다.

형제자매간의 갈등은 어느 정도 자연스러운 것이지만, 이를 치명적으로 악화시키는 것은 부모의 차별대우, 즉 편애다. 정현이와 정현이

형 사이의 갈등도 아버지의 편애가 직접적인 원인이었다. 미국 캘리포니아 대학의 연구에 의하면 아버지의 70%와 어머니의 65%가 자녀를 편애하는 것으로 나타났다. 그리고 안타깝게도 자녀들은 자신이 편애의 대상인지 아닌지를 눈치채고 그에 맞게 행동한다고 한다. 편애는 부모와 편애 대상, 그리고 편애의 피해자 모두에게 부정적인 결과를 초래한다. 부모의 사랑을 받지 못한 아이는 자존감이 낮아지고 열등감에 사로잡힌다. 부모의 사랑을 독차지한 아이 역시 성장하면서 많은 문제를 보인다. 선생님은 부모와 같은 일방적인 사랑을 주지 않기 때문에 아이는 좌절하기 쉽고 이로 인해 학교생활에서 부적응을 겪게 된다.

염두에 두어야 할 것은 부모가 아이를 편애하지 않으려고 최선을 다한다 해도, 아이들은 다르게 느낄 때가 많다는 것이다.

"제가 맏이고 동생이 있어요. 그런데 아버지는 동생만 예뻐하고 저는 안중에도 없어요. 동생은 무슨 짓을 해도 다 받아주면서 저는 조금만 잘못해도 심하게 야단을 치세요."

"분명히 동생이 먼저 잘못했는데, 엄마는 얘기도 안 들어보고 저만 야단치세요. 제가 동생한테 큰소리를 냈다고 하시면서 저한테만 뭐라고 하세요."

아이들이 자주 하는 하소연이다. 부모들이 들으면 억울해 할지도 모르겠지만 부모로부터 차별과 편애를 받았다고 불평하는 아이들이 의외로 많다. 형제는 같은 부모의 제한된 사랑을 두고 끊임없이 경쟁하며 서로 상처를 주고받는다. 부모의 사랑과 관심을 원하는 만큼 부모가 형제를 대하는 태도나 말에 매우 민감하게 반응한다. 특히 비교하는 말은 '너는 형보다 못한 놈, 부족한 놈'이라는 뜻으로 전달되어 열등감을 느끼며 죄 없는 형제자매를 미워하게 된다.

그러므로 부모는 아이들 사이에 문제가 발생했을 때 단지 형이라는 이유로, 동생이라는 이유로 혼내지 말아야 한다. 또 아이들이 편애에 대한 불만을 토로할 때, 부모는 아이의 말을 부정하지 말고 아이의 속상한 감정을 인정해주어야 한다. 그리고 왜 그런 감정을 느꼈는지 진지하게 물어보면서 충분한 대화를 나누는 것이 좋다.

서울특별시보육정보센터가 지난 2013년 발행한 부모를 위한 양육지침서에 따르면 "아이들 간 싸움을 엄마가 판정하지 말고 각자의 이야기를 열심히 들어주면 95%는 아이들 스스로 해결해 낼 수 있다."고 한다. 부모의 역할은 아이들 각자의 이야기를 듣고, 무엇이 다툼의 원인이었는지 각자의 입장을 정리할 기회를 주는 것이다. 아동청소년 심리상담센터 오지희 부원장도 "형제간에 다툼이 있을 경우에는 어느 한 쪽을 혼내기보다는 먼저 그 원인을 파악하고, 아이들이 싸운 이유에 대해 이야기를 들었으면 어떻게 해결하면 좋을지도 함께 이야기하는 것이 필요하다."며 "이 과정 속에서 아이들은 대화를 통해 타협하고 협상하는 방법을 배운다."고 말했다.

형제간에 심한 갈등을 겪고 있는 아이들은 스트레스로 인해 심리적 불안감을 느낀다. 불안정한 아이들은 충동적으로 행동하고 어느 순간에는 마음의 문까지 닫아버리는 경우도 있다. 형제간의 관계가 좋지 않을 때 부모는 화부터 내기보다는 아이의 마음을 읽어주고 감정에 공감해주어야 한다. 갈등 상황을 알아채고 적절히 중재하지 않는다면 '형제의 난'은 건널 수 없는 강이 되고 관계 개선은 요원한 일이 된다.

아무리 피를 나눈 형제라 하더라도 사랑하는 마음은 그저 생기는 게 아니라 서로의 사랑을 이어주려는 부모의 노력이 있어야만 함을 기억하자. 부모는 자녀 중 누구 하나도 소외감을 느끼거나 자존감을 잃지 않도록 배려하고 사랑과 관심을 골고루 나누어주어야 한다.

형제자매와의 경쟁이 반드시 나쁜 것만은 아니다. 민우와 현우은 형제지간으로 두 살 터울이었다. 민우가 고3이 되었을 때 현우가 1학년으로 입학했는데 두 형제는 전교 1, 2등을 놓치지 않을 정도로 성적이 우수한 학생들이었다. 우연히 현우와 얘기할 기회가 있었는데 그때 아이와 나누었던 대화가 인상적이어서 아직도 기억에 남아 있다.

"민우와 현우는 어떻게 그렇게 둘 다 공부를 잘하니?"

"우린 서로 라이벌이에요. 형이 공부를 할 때면 놀다가도 공부를 해야 겠다는 생각이 들어서 저도 얼른 책상에 앉게 돼요. 어렸을 때부터 형한테 지지 않으려고 열심히 공부했어요. 형과 경쟁하다 보니 다른 애들과 경쟁할 때처럼 스트레스가 없어서 좋아요. 서로 윈윈하는 거죠."

"둘 다 공부를 잘 해서 부모님이 무척 자랑스러워하시겠구나."

"부모님께서는 우리 형제들이 함께 공부할 수 있도록 해주셨고, 형이나 나 둘 중의 한 사람의 성적이 기대보다 못 나왔을 경우에도 야단치지 않으시고 용기를 복돋아 주셨어요. 그래서 형보다 성적이 못 나와도 기분이 나쁘기보다는 더 열심히 해야겠다는 생각이 들더라구요."

아이들은 형제자매간의 상호작용을 통해 협상하고 배려하고 경쟁하면서 작은 사회를 경험한다. 형제자매가 있는 아이가 교우관계가 원만하고 사회성이 좋은 아이로 자랄 확률도 높다. 싸우며 협상하는 과정에서 문제 해결 능력을 자연스럽게 익히고 남들과 협력하는 지혜도 배울 수 있다. 형제자매는 서로에게 가장 좋은 역할모델이자 같은 환경에서 성장한 추억을 공유하는 사이이다. 부모가 균형 잡힌 태도로 고른 애정을 주기만 한다면 형제자매는 자연스럽게 갈등을 조정하고 서로를 인정하는 법을 배우며 우애를 키울 수 있다. 이렇게 함께 자라난 형제자매는 평생 서로 의지할 수 있는 소중한 존재가 될 것이다.

관계의 계좌를 관리하라

우현이의 아버지가 학교를 방문했다. 우현이의 반항이 너무 심하다고 했다. 일찍 들어오라고 하면 더 늦게 들어오고 게임 좀 그만하라고 하면 밤을 새우며 게임을 했다. 아이 때문에 속이 상하고 지친 아버지는 결국 학교를 찾아온 것이다.

"저도 십대를 겪었지만 남자애들은 주변의 유혹에 쉽게 흔들립니다. 부모가 통제하고 잔소리하지 않으면 잘못된 길로 빠질까봐 걱정이 돼서 이야기를 하는데, 내 말은 콩으로 메주를 쑨다고 해도 들으려 하지 않습니다. 어떻게 하면 좋을까요?"

우현이를 만나 보니 우현이의 마음속은 놀랄 만큼 아버지에 대한 분노로 가득차 있었다. 아버지는 어렸을 때부터 야단만 쳤고, 내가 뭘 하든 똑같으니 이젠 신경 쓰기도 싫다고 했다. 계속되는 아버지의 잔소리를 자신에 대한 부정으로 생각한 아이는 아버지가 하라는 모든 것에 반기를 들고 있었다.

부모들은 이미 수많은 시행착오를 겪으며 십대를 지나왔기 때문에 자신이 겪은 경험을 아이들에게 들려주어서 조금이라도 실수와 실패를 덜어주고 싶은 마음이었을 것이다. 그래서 못마땅한 점이 보일 때마다 잔소리를 하게 되고, 기대에 못 미치면 화를 내기도 한다. 그러나 우현이 아버지의 잦은 지적은 아이의 반감을 불러 일으켰고 부모와 아이의 관계 계좌는 잔고가 바닥나고 말았다.

아무리 소중하고 중요한 가르침이라도 부모와 자녀 간에 신뢰가 없다면 소용이 없다. 서로간의 믿음이 없고 정서적인 소통이 없는 상태에서 일방적인 훈계만 늘어놓는 것은 쇠귀에 경 읽기와 마찬가지다. 부모가 자녀에게 무언가를 가르치고 싶다면 내 아이와의 관계의 계좌부터 먼저 살펴야 한다. 부모의 권위를 인정받으려면 아이와의 정서적 관계에 이상이 없는지 살피는 것이 우선이다.

큰아이는 기질이 자유분방하고 감수성이 뛰어난 아이였다. 그 때문인지 통제받고 잔소리 듣는 것을 끔찍이도 싫어했다. 그런 아이 모습은 하나부터 열까지 잔소리할 거리로 가득했다. 제때 청소를 하지 않은 책상은 어수선함을 넘어서 쓰레기장을 방불케 했으며 방바닥은 벗어놓은 옷과 양말로 어지러웠다. 오랫동안 정리하지 않은 옷장은 구겨진 옷들로 아수라장이었다. 퇴근하고 집으로 와서 난장판이 된 아이의 방을 보면 화가 머리끝까지 나고 잔소리가 저절로 나왔다.

나는 아이에게 끊임없이 야단을 쳤다. 아이의 말수는 점점 줄어들었고 표정은 어두워졌다. 관계가 깨져간다는 것을 눈치챈 것은 중학교 3학년이 되어서였다. 위기의식을 느낀 나는 얼어붙은 아이의 마음을 녹이기 위하여 소통을 시도했다. 엄마의 정성이 닿았는지 아이는 마음을 조금씩 열었다. 이제는 웃으며 과거를 얘기하는 여유도 생겼다. 하지만 아직도 한 번씩 "엄마, 그때 왜 나한테 그렇게 야단만 쳤어?"라고 묻는다. 나는 죄인 아닌 죄인이 되어 할 말을 찾지 못해 허둥거린다.

고삐 풀린 망아지마냥 날뛰는 아이를 속수무책으로 바라보는 것이 괴롭고, 그냥 놔두면 큰일 난다는 주위의 말은 불안감을 더욱 부채질한다. 결국 대부분의 부모는 조바심에 좇겨 아이의 생활을 간섭하고 통제하려 한다. 하지만 이런 전략은 효율적이지도 못할뿐더러, 아이의 감정과 현 상태를 살피지 않고 막무가내로 통제를 시도하는 것은 문제를 악화시키고 아이와의 관계를 나쁘게 한다. 아이가 뚜렷하게 반감을 보이는 상황에서도 통제와 간섭으로 일관하는 것은 관계를 포기하겠다는 선언과 다름없다.

자녀의 문제행동을 바로잡기 위해 가장 공들여야 할 전략은 아이와 눈높이를 같이하여 관계를 돈독하게 하고 협력을 모색하는 것이다.

"아이가 맘대로 하게 놔두라는 소린가요? 그러다 문제가 점점 더 커지면 그때는 어떻게 하나요?"

이런 질문을 하는 부모는 관계 전략과 방임을 구별하지 못하고 있는 것이다. 물론 아이와의 힘겨루기에 지쳐 좋은 게 좋은 거라는 식으로 방임하거나 아무런 계획 없이 주먹구구식으로 아이를 양육하는 것도 문제다. 하지만 아이의 문제행동을 그냥 내버려둬서는 안 된다는 두려움에 싸여 자녀의 의사를 무시한 채 무조건 부모의 생각을 강요하는 것도 현명한 방법이 아니다.

아이의 행동에 좋은 영향을 주기 위해서는 먼저 좋은 관계를 만들어야 한다. 아이와 신뢰를 쌓고, 이를 바탕으로 아이와 생각의 접점을 찾는 것이다. 부모가 나서서 뭔가 해야 한다는 불안과 초조함을 내려놓으면 아이와 함께 변화의 길을 찾아나갈 수 있다. 강압과 통제보다 훨씬 효과적인 방법이다.

현수는 부모님의 이혼 후 엄마와 살다가 다시 아버지와 살고 있다. 뒤늦게 아들과 살게 된 아버지는 아이와 함께 하고 싶은 일도 많았고 해주고 싶은 말도 많았다. 하지만 아들은 아버지의 얘기를 귀담아 들으려고 하지 않았다. 현수 아버지는 아들과 함께 시간을 보내려고 외식을 하자거나 야구장에 가자고도 해 보았지만, 현수는 매번 제안을 거절해서 아버지를 서운하게 만들었다. 부모 자식 간이라고 해서 지나간 세월의 빈칸이 그냥 채워지는 것이 아니라는 것을 현수 아버지는 몰랐던 것이다.

이혼이나 무관심, 매정한 말 등으로 아이 마음에 지울 수 없는 상처를 남긴 채 오랜 시간 아이를 돌보지 않다가 뒤늦게 아이가 말을 듣지 않는다고 하소연하는 경우가 의외로 흔하다. 하지만 부모의 사정에 따라 아이를 내버려 두었다가, 또 부모의 사정에 따라 잔소리를 하는 것은 아이 입장에서는 받아들이기 힘들다. 관계는 어느 날 갑자기 만들어지는 것이 아니다. 긴 시간 가족이라는 이름으로 다양한 추억과 경험을 함께하고 그 속에서 여러 가지 정서적 체험을 공유하는 과정에서 조금씩 관계의 탑이 올라가는 것이다.

부모와 자녀 사이에서도 성인들 간의 관계와 마찬가지로 평등하게 소통할 수 있는 균형잡힌 관계가 가능하다. 무리한 변화를 강요하거나 자기 기준에 맞춰 행동하기만을 요구한다면 그 관계는 위태로워질 것이다. 각자를 독립된 인격체로 인정하고 상대의 관점을 무시하지 않고 존중해줄 때 균형잡힌 관계맺기가 가능해진다. 관계의 계좌가 마이너스가 되지 않도록 부모의 지속적인 관리가 필요하다.

5장

내 아이는 어떤 부모를 원할까

내 아이는 어떤 부모를 원할까

"선생님! 자식 키우기 정말 힘드네요. 저는 애한테 할 만큼 했다고 생각합니다. 대화도 많이 했고 부족한 부분이 있으면 채워주려고 노력했습니다. 그런데 어디서부터 뭐가 잘못된 건지 모르겠어요."

"아버지하고는 말이 안 통해요. 아버지 생각만 강요하지 내가 무슨 생각을 하는지는 관심도 없어요. 스무 살이 되면 독립해서 혼자 살고 싶어요."

상담을 하다 보면 부모 역할을 충실히 하는데 아이가 따라와 주지 않는다고 하소연하는 부모를 많이 보게 된다. 부모는 자녀를 사랑한다. 맹목적으로 사랑한다. 그리고 사랑하는 자녀를 위해 희생을 한다. 이렇게 부모는 자녀를 위해 희생하고 있으니 이만하면 좋은 부모 아니냐고 반문한다.

그런데 아이들에게 부모님에 대한 생각과 느낌을 물어보면 그 반응은 놀랍기만 하다. 아이들은 불만에 가득차서 "짜증나요."라고 화를 내거나 "부모님 얘기는 더 이상 하고 싶지 않아요."라며 말조차 꺼내고 싶지 않다고 외면하기도 한다.

아이가 원하는 부모와 현실의 부모 사이에는 생각보다 큰 차이가 있다. 이 차이는 어디서 생긴 것일까? 어떻게 해야 그 간격을 좁힐 수 있을까?

아이를 낳고 키우면서 부모들은 누구나 좋은 부모가 되기를 꿈꾸고 아이와 서로 통하는 친구이자 멋진 인생의 멘토로서의 역할을 원한다. 하지만 아이가 십대에 접어들고 사춘기의 혼란을 겪는 과정에서 대립하고 갈등하면 부모의 역할에 회의가 밀려오고, 과연 내가 부모 자격이 있는지 심각하게 고민하게 된다. 특히 사춘기는 부모가 해야 할 일이 어느 때보다 많은 시기이다. 아이가 어렸을 때는 육체노동이 주가 되지만 사춘기는 감정노동이 주가 된다. 감정노동에 시달리면서 '과연 내가 엄마 자격이 있는 걸까?'라는 물음을 누구나 한 번쯤 던져보았을 것이다.

자녀를 양육하는 일은 가장 공이 많이 들고 스트레스가 많은 일이다. 부모는 아이를 통해 즐거움과 보람을 얻지만 한편으로는 경제적, 정신적으로 많은 대가를 치러야 한다. 어렵고 복잡한 역할이다. 급속한 사회변화를 겪고 있는 요즘은 그 역할이 더욱 쉽지 않다. 자녀를 돌보는 시간이 부족해지다 보니 부모의 빈자리는 점점 커지고, 정서적으로 허기진 아이들은 텅 마음을 채우기 위해 밖으로 도는 시간이 길어진다. 그런 자녀가 못마땅한 부모는 자식 뒷바라지를 위해 돈을 벌어 희생했다는 이유로 아이를 탓하고 비난한다.

그러나 2013년 지역사회교육 협의회에서 실시한 부모 자녀욕구조사에 따르면 자녀들이 부모에게 바라는 것은 '부모님과 대화를 하고 함께하는 시간을 갖는 것'이라고 한다. 상담실에서 만났던 많은 아이들의 바람도 다르지 않았다. 십대 자녀들은 돈 잘 버는 부모보다 함께 해주는 부모를 더 원하고 있다. 부모가 자녀와 함께 하는 시간을 가짐으로써 아이는 부모와의 추억을 공유하게 되고 이 추억은 든든한 정서적 자원이 되어 자녀의 성장을 돕는다.

부모와 자식은 서로를 비추는 거울과 같다. 부모는 자식을 통해, 자식은 부모를 통해 자신의 모습을 깨닫고 서로 영향을 미친다. 내 아이가 완벽한 십대가 아닌 것처럼 우리 역시 완벽한 부모가 아니다. 아이에게 원하는 것이 있으면 아이가 부모에게 무엇을 원하는지에 대해서도 귀를 기울여야 한다. 부모가 가고자 하는 길과 아이가 원하는 부모의 길, 그 두 길이 만나는 곳이 바로 십대 부모가 서 있어야 할 자리이다.

아이의 행동보다 감정에 집중하라

학교폭력 피해자로 상담실에 온 성일이를 담임교사가 걱정스러운 시선으로 바라보았다.

"선생님! 성일이는 초등학교 때부터 왕따와 괴롭힘을 당했어요. 그래서인지 친구들의 사소한 반응에도 예민하게 대응하고 눈치를 많이 봐요. 게다가 중학교 때는 스트레스로 인한 마비 증상으로 입원까지 한 경험이 있다고 하네요."

성일이를 상담하면서 가족 내에 존재하는 규칙 하나를 발견했다.

"성일아, 예전에 네가 따돌림을 당했을 때 부모님께 얘기는 했니?"

"네. 그런데 아버지한테는 이제 더 이상 얘기를 못하겠어요. 아버지는 제 마음은 안중에도 없으시고 '사내놈이 맨날 당하고 산다'면서 저한테 불같이 화를 내세요."

"그래? 그럼 엄마는 어떻게 반응하시니?"

"엄마는 아예 말을 하지 말라고 하세요. 안 좋은 일은 얘기하는 게 아니라고 하시면서요."

성일이네 가족은 부정적인 감정을 표현해서는 안 된다는 규칙을 가지고 있었다. 성일이는 따돌림 피해를 당하고도 부모님께 자신의 분노와 슬픔 등을 속시원하게 얘기할 수 없었다. '부정적인 감정을 표현하는 것은 나쁘다'는 규칙의 지배를 받고 있었기 때문이다.

상담실을 찾는 부모들은 자녀의 감정을 자주 간과한다. 아이가 어떤 좋지 못한 행동을 하는지에 대해 몇 시간이고 길게 이야기하지만 그런 행동을 할 때 아이가 어떤 감정을 느끼는지에 대해서는 알지도 못하고 관심도 없다. 집에서도 아이의 행동에만 초점을 맞추어 야단을 칠 뿐이다. 하지만 사춘기 아이들 문제의 핵심은 행동이 아니라 감정이다. 아이들의 공격적이고 충동적인 행동의 이면에는 부모에게 무시당했다고 느끼는 데서 오는 속상함과 분노 등이 내재되어 있다. 열흘 넘게 가출을 했던 민수의 마음속에는 아버지에게 거부당했다는 분노가 마음속에 자리하고 있었다. 아이의 거친 행동만 보고 자녀를 나무라기 전에 행동 이면에 숨어 있는 아이의 감정을 먼저 읽어주어야 한다.

상담실에서 만났던 한 남학생은 자신의 심리 상태를 찰흙으로 표현했는데 아이의 작품을 보고 마음이 많이 아팠다. 아이가 만든 것은 선이 없는 전화기였다. 작품의 의미를 물었더니 아이가 말했다.

"엄마와 나는 선이 끊어진 전화기 같아요. 서로 소통이 전혀 안 돼요. 엄마는 엄마 얘기만 하고 나는 내 얘기만 해요. 서로 말이 통하지 않는다고 화만 내다가 대화가 끝나버려요."

부모는 아이의 이해할 수 없는 말과 행동에 속이 끓는다. 자기표현이 서툰 아이는 할 말이 있어도 쉽게 말하지 않고 망설여서 부모를 답답하게 하기도 한다. 이럴 때 부모는 종종 아이의 행동을 하나하나 지적하고 설명을 해 보라고 윽박지른다. 그러나 자녀와 교감하지 못하는 것은 내용이나 사실을 전달하지 못해서가 아니라 감정이 제대로 표현되지 못했기 때문이다.

답답한 마음에 부모가 화를 내고 다그치면 아이는 더욱 주눅이 들고 위축된다. 이런 부모 밑에서 자란 아이는 자신의 감정을 감추고 부모의 기분이 어떤지, 무슨 생각을 하는지 살피느라 정신이 없다. 가족 내에서 부모 형제들과 소통하면서 어떤 감정이든 받아야 교감이 생기는데 아무것도 받은 게 없으니 마음속 금고는 텅텅 비어있다.

집단상담 시간에 기쁨, 슬픔, 외로움 같이 감정을 나타내는 단어로 빙고게임을 하면 생각보다 많은 아이들이 어려워한다. 아이들이 알고 있는 감정 단어의 수가 별로 없다는 사실은 가정에서 정서반응을 주고받은 경험이 없다는 방증이다. 이중에는 표정의 변화가 별로 없는 아이들도 많다. 얘기를 나눠보면 자신의 감정에 둔감하고 타인의 감정을 읽는 능력도 많이 떨어진다. 자신이 무심코 한 말이 상대방에게 어떤 상처를 주는지 알지 못하며, 상대방의 감정에 관심조차 없는 경우도 많다. 자연히 또래관계에서도 문제가 생기기 쉽고 사회성도 부족해진다.

정서도 학습된다. 부모와 감정적으로 교감하고 소통하는 경험을 통해 아이들은 자신의 정서를 알아차리고 타인의 감정을 읽는 능력을 키운다. 미국의 심리학자 대니얼 골먼은 저서 《EQ 감성지능》에서 "자신과 타인의 감정을 관찰하고 판별하며 그 정보를 이용해서 사고의 행동을 이끌어내는 능력"을 정서지능이라고 정의했다.

정서지능은 사람들과의 의미 있는 관계와 감정에서 싹트기 시작한다. 십대들의 세계에서 가장 의미 있는 사람은 부모이다. 부모와의 교감을 통해 아이의 내면에는 공감이 자리잡기 시작한다. 정서지능이 높은 아이들은 자신과 타인의 감정을 잘 구별하고 그런 감정들과 동기를 제대로 이해하기 때문에 정서생활을 주체적으로 이끌어갈 수 있다. 복잡한 감정들을 잘 구분하고 숨은 의미를 이해하게 되어 감정에 빠지더라도 허우적대지 않고 잘 헤쳐나갈 수 있다.

아이가 자신의 정서를 이해하고 받아들일 수 있도록 부모가 도와주는 것이 중요하다. 사춘기 아이와 교감이 어렵다면 감정과 생각을 구분하여 이야기하는 습관을 들여보는 것도 방법이다. 아이의 감정 이면의 생각을 알게 되면 그 감정이 이해가 될 것이다.

아이와 교감하기 위해서는 아이를 아는 것이 먼저이다. 십대 아이들의 대화를 듣거나 휴대전화 속 문자메시지를 보면 온통 이해할 수 없는 말투성이이다. 이런 말을 쓰는 아이들을 보며 "도대체 아이들은 왜 이런 말을 쓰는 걸까?"라고 색안경을 쓰고 보기보다는 "아이들은 이런 것을 좋아하는구나."라는 긍정적인 마인드로 접근해보자. 사랑하는 내 아이와 교감하기 위해서는 더 많이 알아야 한다. 아이가 즐겨 쓰는 말 한마디라도 알면 알수록 더 가까이 다가갈 수 있다.

사소한 일이라도 아이와 함께하는 경험을 하는 것도 중요하다. 부모가 아이와 정서적 경험을 공유하면서 공감대를 형성하는 과정에서 아이는 자신과 부모가 동등한 존재라는 인식을 하고 마음을 연다.

예전에 큰아이와 함께 컴퓨터활용능력 자격증 취득시험을 본 일이 있었다. 마침 교원임용고사를 준비하던 중이라 가산점을 얻기 위해서였다. 그러나 함께 시험을 마치고 내가 얻은 것은 가산점보다 더 귀중한 교감이었다. 주로 학생들이 많이 보는 시험이라 학생들을 인솔하고 온 교사라는 오해를 받고 시험장에서 쫓겨날 뻔한 웃지 못할 에피소드도 생겼다. 부모와 자녀 관계가 아니라 수험생이라는 동등한 입장에서 함께 정답을 맞춰 보며 틀린 답에 속상해 하고 답이 맞으면 소리 지르고 환호하면서 기쁨을 나누었다. 며칠 후 아이는 이 날의 경험을 일기장에 이렇게 풀어 놓았다.

"엄마가 친구처럼 느껴졌다."

가슴이 먹먹했다. 교감이란 바로 이런 것이 아닐까?

부모는 십대들의 정서적, 사회적 행복을 좌우한다. 부모와 관계가 좋은 아이들은 또래나 교사와도 좋은 관계를 유지한다. 결론은 분명하다. 십대는 부모를 필요로 하고 교감을 원한다. 부모가 절대 놓치지 말아야 할 것은 자녀와의 교감이다.

완벽한 부모가 될 필요는 없다

담임교사가 소연이를 상담실에 데려왔다. 매사에 소극적이고 남의 눈치를 많이 봐서 걱정스럽다고 했다. 담임교사의 말대로 아이는 매우 소심했고 자신감이 부족했다. 총명한 아이였지만 자신이 가진 능력을 전혀 발휘하지 못하고 위축되어 있었다. 학부모 상담을 요청했더니 어머니가 오셨다. 소연이 어머니는 상담실에 들어서자마자 아이 얘기는 꺼내지도 않은 채 온통 자신의 얘기만 하면서 그동안 일군 성과를 자랑하느라 바빴다. 힘든 환경에서 자랐지만 독학으로 대학교육까지 마쳤으며 졸업 후에는 비영리기관 등에서 사회활동을 왕성하게 하고 있다는 것을 자랑스럽게 얘기했다.

어머니의 얘기를 끝까지 듣고 난 뒤 단도직입적으로 이야기했다.

"소연이가 왜 이렇게 자신감이 부족한지 이제 알겠습니다. 어머님 영향이 큰 것 같습니다."

소연이 어머니는 자신의 성과에 비추어 자식을 평가했으며 숨 쉴 틈도 주지 않은 채 아이를 몰아갔다. 아무리 열심히 해도 엄마의 기준에 미치지 못하자 아이는 어느 순간 모든 것을 내려놓고 소극적인 자세로 엄마의 눈치 살피기에 급급해졌다. 이런 태도가 못마땅했던 엄마는 더욱 심하게 잔소리를 하며 통제했고 그럴수록 아이는 점점 더 위축되어 자신만의 세계로 들어가 버렸다.

아이의 상태가 심각하므로 양육태도의 변화가 필요함을 말씀드렸지만 어머니의 기세는 좀처럼 수그러들지 않았다. 자신의 문제는 보지 못한 채 아이의 문제에만 초점을 두고 아이를 탓했다. 소연이가 자신감을 회복하고 상처를 치유하기까지는 적지 않은 시간과 노력이 필요할 것이다.

"성적이 계속 떨어져서 고민이에요. 한다고 하는데 성적이 안 나오니까 너무 답답하고 힘들어요. 형이 명문대에 다니고 부모님도 전문직에 종사하고 계시니까 주위에선 나도 당연히 잘 할 거라고 생각해요. 기대에 못 미쳐서 부모님께 실망을 드릴까봐 너무 불안해요."

요즈음의 아이들은 성적과 진학 등에서 성취에 대한 엄청난 압박을 받고 있다. 특히 부모 자신이 사회적으로 성공을 하고, '완벽한 부모'가 되려고 하는 경우 이 압박은 더욱 커진다. 부모는 아이가 좋은 성적을 얻을 수 있도록 모든 지원을 다 하지만, 그만큼 자녀의 성공을 당연시하기 때문에 자녀가 기대에 못 미칠 경우 크게 실망한다. 심지어 내가 너를 어떻게 키웠는데 이럴 수가 있느냐며 자녀에게 배신감마저 느낀다. 아이는 부모의 이런 부분을 견디기 힘들어한다. 가정에서 소외감을 느끼고 과중한 부담에 시달린다.

완벽한 부모가 되려 하는 부모는 아이의 성취가 자신을 반영한다고 믿는 경우가 많다. 아이가 다른 사람의 눈에 어떻게 보이는가에 따라 자신에 대한 평가가 달라진다고 생각한다. 때문에 남의 눈에 최고로 보이기 위해서 아이가 실수하거나 지저분한 모습을 보이는 것을 용납하지 못한다. 부모 자신도 모든 면에서 모범적이어야 하고 집은 항상 정리가 되어 있어야 안심한다. 그리고 아이를 완전히 파악하기 위하여 매 순간 감시한다. 조금이라도 자신이 정한 한계 밖으로 나가려고 하면 통제와 감시의 시선을 더욱 조이면서 아이들을 닦달한다.

주변의 시선에 부응하기 위해 애쓰는 부모는 타인의 평가에 의해 자신의 가치가 결정된다고 믿는 사람이다. 이런 부모 밑에서 자란 아이들은 매사에 남의 눈치만 보고 남들의 시선 때문에 자신이 진정으로 하고 싶은 일을 쉽게 포기한다.

또한 이런 부모들은 아이를 완벽한 사람으로 키우기 위해 부모가 짜 놓은 학업 스케줄에 아이를 맞추려 한다. 아이가 좀 떨어진다 싶은 과목이 있으면 무리하게 이것저것 시킨다. 모든 과목에서 최고의 성적을 올리기 위해 짜여진 무리한 스케줄은 아이의 진정한 능력과 적성을 헤아리지 않는다. 처음에는 잘 하려고 애쓰던 아이도 점점 지치게 되어 모든 과목에 흥미를 잃는다. 소중한 아이의 재능이 부모의 욕심 탓에 사그라든다.

모든 것을 완벽하게 다 잘 하는 아이는 드물다. 내 아이가 조금 뒤떨어지더라도 부모가 세심하게 살피면 아이가 가진 능력 중에 가장 뛰어난 재능을 발견할 수 있다. 다른 아이와 비교해서 재능을 판단하기보다는 내 아이의 능력 중에서 가장 두드러지는 것을 알아보고 뒷받침하는 역할을 해야 한다. 세계적인 지휘자 정명훈, 바이올리니스트 정경화, 첼리스트 정명화의 어머니로 유명한 이원숙 여사가 저서《통큰 부모가 아이를 크게 키운다》에서 한 말은 그러한 측면에서 귀담아 들을 필요가 있다.

"아이를 잘 키운다는 의미는 아이를 사회적으로 성공시키는 것이 결코 아니다. 자신이 좋아하는 일을 하면서 행복하게 살아가는 사람으로 키워내는 것, 자녀 교육의 궁극적인 목적은 여기에 있어야 한다고 나는 믿는다. 사람들은 우리 아이들의 사회적 성공을 부러워하지만 나는 그 아이들이 자기 몫의 행복을 누리는 것이 더 기쁘고 자랑스럽다. 내가 아이들 교육에 성공했다면 바로 이 점일 것이다."

결국, 성공이란 곧 자신의 행복을 찾아 좋아하는 일을 하며 사는 것이다. 아무리 뛰어난 재능이 있어도 그것을 뒷받침해주지 못하는 환경에서는 재능을 발휘할 수 없다. 모든 아이는 세상에서 가장 특별하다. 지혜로운 부모는 내 아이를 남보다 뛰어나게 키우려고 하지 않는다. 내 아이의 기질과 특성을 잘 살려 남과 다르게 키우려고 애쓴다. 이런 부모 밑에서 자란 아이는 행복하고 성공적인 인생을 살아갈 확률이 높다.

만 9살에 미국 최연소 대학생이 되어 미국 전역을 놀라게 한 천재소년 쇼 야노, 못지않은 천재성으로 10세에 대학에 입학한 여동생 쇼 사유리를 길러낸 엄마 진경혜 씨는 이렇게 말한다.

"영재교육보다 엄마의 역할과 철학, 그리고 태도가 더 중요합니다. 아이들의 천재성은 영재교육원이 아니라 따뜻한 가정 분위기와 부모의 노력에서 꽃핍니다."

평범한 그녀가 남매를 천재로 길러낸 것은 '모든 아이는 태어날 대부터 천재'라는 생각을 가지고 아이를 인정하고 믿고 기다려 준 결과였다.

아이가 가진 단점을 장점으로 볼 줄 아는 부모의 긍정적인 시각이 자녀의 인생을 행복으로 이끈다. 부모가 자녀에게 해 줄 수 있는 최고의 선물은 아이 스스로 재능을 꽃피울 수 있을 때까지 인정하고 믿고 기다려주는 것이다. 완벽한 부모, 최고의 부모가 되려는 부모보다 조금 부족하더라도 진솔함으로 아이에게 다가가고 사랑으로 소통하려는 부모가 좋은 부모이다.

자신의 감정을 다스려라

워킹맘인 연수 엄마는 요즘 회사일로 바빠서 정신이 없다. 게다가 구조조정 말이 나오면서 계약직 사원인 연수 엄마의 하루하루는 긴장의 연속이다. 퇴근해서 집에 오니 설거지는 그대로 있고 거실 바닥에는 아이들이 벗어놓은 옷, 책, 가방이 사방에 널려있다. 서둘러 청소를 마치고 저녁을 준비하고 나니 식욕도 없을 정도로 녹초가 되었다. 가정 일에는 관심도 없고 맨날 회식 핑계로 늦게 들어오는 남편에게 짜증이 치밀어오른다.

"자기만 일하나! 나도 똑같이 일하는데 집안일은 오로지 내 몫이고 항상 나몰라라 하니 나만 죽어나지."

마침 그때 아이가 성적표를 들고 다가온다. 성적표를 확인하는 순간 화가 폭발한다. 살다 보면 이런 경험을 한두 번 정도는 해 봤을 것이다.

가끔 부모들은 자신의 감정 상태에 따라 자녀를 대하는 태도가 달라지는, 변덕스런 양육태도를 보인다. 아이가 잘못을 저질렀을 때 자신이 기분이 좋으면 "괜찮다."고 그냥 넘어가지만 기분이 좋지 않을 때는 심하게 야단치고 혼을 낸다. 객관적인 기준에 따라 자녀를 양육하는 것이 아니라 자신의 감정에 따라 아이를 혼낼지 말지를 결정하는 것이다. 아이가 시험을 못 봤을 때 자신이 기분이 좋으면 "괜찮아. 다음에 잘하면 되지."라고 하면서 부드럽게 넘어가지만 그렇지 않을 때는 "옆집 희수는 이번에도 1등을 했다더라. 너는 도대체 어떻게 된 애가 시험만 쳤다 하면 허구헌날 70점, 80점이야! 아이고 속터져!"라고 하면서 아이를 비난하고 화를 낸다. 똑같은 일에 대해서도 어떤 날은 칭찬하고, 어떤 날은 무관심하고, 또 어떤 날은 심하게 야단을 치는 등 기준이 없을 때 아이들은 혼란스럽고 난감해진다.

"우리 아빠는 한마디로 예측 불허에요. 언제 어디서 폭발할지 모르는 화약고 같아요. TV를 보고 있는데 다짜고짜 달려와 손으로 머리를 후려갈겼어요. 시험기간에 공부는 안 하고 TV만 본다고 하면서요."

부모도 사람이다 보니 기분이 안 좋을 때는 아이를 야단치는 수위가 높아지고 감정이 실릴 수도 있다. 하지만 자녀를 대하는 태도가 너무 자주, 너무 극단적으로 변하면 아이들은 언제 터질지 모르는 화산 밑에 있는 것과 같은 불안과 두려움을 경험한다. 어떤 일이 생길지 예측이 불가능하고 통제가 불가능하다고 느끼면 무기력해지고 자신을 통제할 힘도 잃어 충동적으로 행동하게 된다. 학교에서도 여러 가지 문제행동을 일으키는 경우가 많다.

성현이는 평소에는 얌전한 편인데 스트레스를 받는 일이 생기면 감정을 폭발시키고 분노 조절을 하지 못했다. 아이를 상담하면서 성현이와 나눈 얘기는 다음과 같다.

"우리 아빠는 평소에는 좋으신데 직장에서 무슨 일이 있는 날이면 가족들한테 화풀이를 하세요. 지킬과 하이드처럼 두 얼굴을 가진 사람 같아요."

"어떻게 하시는데?"

"집에 들어오자마자 방이 지저분하다고 야단을 치거나 보던 TV를 끄고는 갑자기 공부하라는 잔소리를 하세요."

"그래? 갑자기 그러시니까 당황스럽겠다."

"이 정도는 아무것도 아니에요. 심하게 화가 나신 날은 물건을 집어던지면서 집안에 공포 분위기를 조성해요. 가족들은 매일매일 아버지 기분을 살피고 눈치를 봐야 돼요. 분위기 봐서 아버지 기분이 많이 안 좋은 날은 아예 친구 집에서 자고 갈 때도 있어요."

성현이에게 아버지는 평소에는 편안하고 의지할 수 있는 대상이지만 어떤 때는 공포와 불안을 주는 위협적인 존재이다. '지킬과 하이드'처럼 한 사람이라고 여기기 어려울 만큼 상반된 인격을 가지고 있어서 아이 입장에서는 어느 것이 진짜 모습인지 파악하기 어렵다.

모든 부모들이 아이에게 잘 해주기도 하지만 화를 내기도 한다. 하지만 부모가 감정에 휘둘리지 않고 안정적으로 아이를 대하면 아이는 부모가 화를 내더라도 자신이 사랑받는다는 것에 대한 의심은 품지 않는다. 지금은 기분이 안 좋아서 화를 내시지만 곧 원래의 모습으로 돌아간다는 것을 알고 있기 때문이다. 또 엄마 아빠가 화를 내는 데는 그럴 만한 이유가 있다는 것을 알고 자신을 돌아보고 행동을 바꾸려는 노력을 한다.

하지만 일관성 없이 감정적으로 자녀를 대하면 아이는 언제 부모님이 돌변할지 예측하기 어렵다. 부모에 대해 양극화된 이미지를 갖게 되고 안정적인 부모상을 만들 수 없다. 이렇게 부모와의 관계에서 혼란스러운 경험을 한 아이들은 자아상도 불안정해지고 타인과의 관계에서도 양극화 현상을 보인다. 같은 사람이라도 어떤 때는 아주 좋은 사람으로 또 어떤 때는 아주 나쁜 사람으로 평가한다. 친한 친구와 말다툼을 하게 되면 친한 친구는 순식간에 '나쁜 사람'이 되고 부정적인 감정이 올라와 주먹이 먼저 나가고 만다.

정서적인 안정은 아이가 세상을 행복하고 편안하게 살아가게 하는 원동력이다. 이러한 정서적 안정감은 가정에서 부모와의 애정어린 관계경험을 통해서 자연스럽게 키워진다. 좋은 부모가 되기 위해서는 자신의 감정을 조절할 줄 알아야 한다. 부모가 감정을 잘 통제하는 모습을 보이면 자녀도 자신의 감정을 조절하는 법을 배울 수 있다. 물론 그 과정이 쉽지는 않을 것이다. 오래되고 낡은 습관을 바꾸는 데는 시간과 노력이 필요하다. 자신의 감정을 알아차리고 그 근원이 무엇인지 찬찬히 살펴보는 것이다. 감정을 알아차리면 통제도 가능하다.

사춘기 아이를 키우다 보면 하루에도 몇 번씩 감정의 롤러코스터를

타게 된다. 이때마다 일일이 감정적으로 대응하다 보면 아이와의 관계는 원수지간이 되어 시간이 지날수록 감정의 골이 깊어진다. 분노에 휩싸여 아이에게 상처 주는 말과 행동을 하면 해결은 점점 어려워지고 문제만 깊어진다. 먼저 부모의 감정부터 다스려야 한다. 내 마음대로 아이를 통제하려는 생각을 내려놓으면 마음의 고통도 내려놓을 수 있다. 격렬한 감정에 반응하게 되면 매사를 망치기 쉽다. 내면의 파도가 잠잠해지기를 기다린 다음에라야 문제에 대한 해결책이 떠오른다.

틱낫한 스님은 "화는 내 마음속에서 우는 아이와 같다."고 하였다. 울고 있는 아이에게 아무리 그치라고 야단을 쳐도 울음을 멈추지 않는다. 달래주어야만 울음을 그친다. 그래서 화가 날 때는 어린아이 달래듯 내 마음을 달래주는 것이 필요하다.

자기 감정을 알아차리고 솔직해지는 것을 어려워하는 사람이 있다. 어렸을 때부터 부정적인 감정은 나쁜 것이라고 배웠기 때문이다. 감정을 느끼는 것이 나쁜 것이 아니라 부정적인 방법으로 표현하는 것이 나쁜 것이다. 속상한 기분은 내 것이 아니라고 피하기만 해서는 안 된다. 마음속에 소용돌이처럼 일어나는 감정의 파도를 조용히 관찰하고 응시하면 어떻게 빠져나가야 할지 길이 보인다. 감정에 압도당하면 자신의 마음 상태에 대해 분간하기 어렵지만 마음을 응시하고 관찰하면 감정에 압도당하지 않고 자신의 감정에 집중할 수 있다. 아이 때문에 감정 동요가 극심할 때도 마찬가지다. 흥분한 상태에서 아이와 똑같이 감정적으로 대응하기보다는 내 감정부터 가라앉히고 아이의 감정을 스스로 다스릴 수 있도록 도와주는 것이 필요하다. 부정적인 감정도 시간이 지나면 거짓말처럼 사라진다. 사소한 잘못에도 날을 세우고 아이들에게 신경질적으로 대하고서, 나중에 미안한 마음과 죄책감에 스트레스를 받는 악순환을 반복하고 있는 건 아닌지 살펴야 한다. 만약 그렇다면 내 마음의 화와 불안을 아이에게 투사해서 아이를 화풀이 대상으로 삼고 있는 것이다.

나 자신을 있는 그대로 인정하지 못하고 남을 사랑할 수는 없다. 우선 부모로서의 나를 먼저 받아들이고 인정해주는 것이 필요하다.

아이의 도전을 지켜보라

국가적으로 한 가정 한 자녀 정책을 시행했던 중국에서는 자녀의 과보호가 사회문제가 되고 있다고 한다. '소황제' '소공주'란 유행어가 생길 정도로 떠받들려 자라온 아이들이 성인이 되어서도 부모에 의존하며 대학이나 사회에 제대로 적응을 하기 어려워한다는 것이다. 특히 중국 최고의 명문대인 베이징대 부근에는 치열한 경쟁을 뚫고 입학한 아이의 뒷바라지를 하기 위해 아예 지방에서부터 상경해 눌러앉아있는 학부모들이 많다. 그 넓은 중국에서도 손꼽히는 수재들이건만, 수강 신청을 할 때조차 부모의 도움을 받는 경우도 있다고 한다.

자녀에게 모든 걸 다 해주고 싶은 게 부모 마음이다. 나의 어머니 역시 그렇게 생각하셨기 때문에 모든 걸 희생하고 헌신하셨다. 준비물을 빠트리면 학교로 바로 달려오셨고 내가 잘 하지 못하는 미술 숙제까지 도맡아서 해주셨다. 아무리 바빠도 먹을거리를 세심하게 잘 챙겨주셨으며 옷과 학용품도 부족함 없이 채워주셨다. 학창시절 내내 어머니는 나보다 한 발 앞서서 모든 일을 일사천리로 완벽하게 처리해주셨다. 자식을 위한 희생보다 귀한 가치는 없다고 믿으셨기에 일말의 의심 없이 엄마의 역할에 충실하셨다.

하지만 모든 걸 알아서 척척 해주시는 어머니 밑에서 자란 나는 유난히 자신감이 없었고 자존감이 낮았다. 남의 말에 무조건 순종했으며 내 의사를 표현하는 것이 무척이나 어려웠다. 학창 시절 내내 수동적이고 의존적인 태도를 보였고 혼자서 할 수 있는 일은 아무것도 없다고 생각했다. 스스로 뭔가를 해 본 경험이 없었고 문제를 해결해 본 적도 없었기 때문에 끊임없이 나를 의심할 수밖에 없었던 것이다.

학교에서 만나는 아이 중에도 지나치게 헌신적인 부모 밑에서 과보호를 받고 자란 아이들이 있다. 하루도 거르지 않고 아이를 학교까지 자가용으로 태워주고, 자퇴 서류를 제출할 때도 아이들은 보이지 않고 부모가 와서 처리하는 경우도 다반사다. 이런 현상은 대학으로까지 이어지고 심지어 자녀가 자라서 직장인이 되어도 멈추지 않는다. 자녀 대신 수강신청을 하고 학점에 의의를 제기하는가 하면 회사에 전화를 걸어 인사에 대한 불만을 토로하는 등 하나부터 열까지 부모가 모든 일을 처리한다. 지인 중에도 유학을 준비하는 대학생 자녀를 위해 토플 시험장까지 성인이 된 아들을 태워주고 데리고 오는 이가 있다. 출산율이 떨어지면서 한 가정에 한두 자녀 밖에 없다 보니 이런 현상은 더욱 심해지고 있다.

학교폭력으로 가해자·피해자가 된 아이들의 부모님들이 학교에 오셨다. 처음에는 크는 아이들끼리 있었던 일이니 서로 용서하고 화해하자고 한다. 하지만 대화가 오가면서 부모들은 점점 감정적으로 변하고 자기 자녀 감싸기에 급급하다. 심지어는 "맞을 짓을 했으니 맞는 것 아니냐."는 막말까지 오가며 분위기는 살벌하게 변한다. 이 과정에서 자녀의 잘못을 인정하고 사과를 시키는 부모와 그렇지 않고 끝까지 자녀의 잘못을 두둔하는 부모 사이에는 큰 차이가 있다. 자식을 위한답시고 자녀의 잘못을 끝까지 부인하는 부모들 밑에서 자란 아이들은 끝까지 자신의 잘못을 인식하지 못한 채 성인이 될 것이고 무슨 짓을 저질러도 부모가 해결해 준다는 어처구니없는 생각까지 하게 될 것이다. 실제로 학교폭력으로 문제가 된 그 학생은 그 후로도 끊임없이 폭력을 일삼으며 문제행동을 일으켰다. 과보호와 왜곡된 부모 역할이 낳은 당연한 결과였다.

과도한 헌신을 사랑이라고 착각하는 부모의 내면에는 불안이 자리하고 있다. 세상과 타인에 대한 끊임없는 불안이 세상으로부터 내 자녀를 보호해야 한다는 강박을 낳은 것이다. 아이들을 직접 체크하고 챙겨야 마음이 편하다. 모든 것을 자신이 직접 해야 직성이 풀리는 사람들로 아이들의 서투른 행동을 기다려줄만한 인내심이 없다. 아이를 믿지 못하기 때문에 차라리 직접 하는 게 오히려 편하다고 느낀다.

이러한 불안은 자녀에게도 전해진다. 안타까운 것은 과보호 밑에서 자란 아이들은 세상뿐 아니라 자기 자신에 대해서도 불안을 갖게 된다는 것이다. 이런 아이들은 자신감이 부족하고 자존감이 낮기 때문에 매사에 의존적이고 수동적이다. 스스로 선택을 하기도 어려워하고, 자기가 내린 결정을 믿지 못한다. 자기주도적으로 행동하기보다 타인의 지시에 쉽게 따른다. 그러면서도 모든 것을 부모가 해주는 것이 당연한 환경에서 살아왔기 때문에 부모의 희생을 당연하게 여기고 고마워할 줄 모른다. 성인이 되어서도 무기력한 모습으로 일관하는 자녀를 보며 부모들은 "내가 얼마나 고생을 해서 키웠는데…." 하고 한탄하지만, 그 고생이 문제였다는 것을 미처 깨닫지 못한다.

험한 세상에서 내 자녀를 내가 보호하지 않으면 누가 보호하랴 싶고, 아이들이 거친 파도에 휩쓸릴까 두려운 나머지 부모들은 오늘도 아이들을 대신해서 뛰고 있다. 하지만 마라톤을 함께 뛸 수는 있어도 대신 뛰어줄 수는 없다. 지나친 관심과 보호는 자녀가 사춘기에 접어들면 서서히 거둬들여야 한다. 스스로 할 수 있게끔 한 발짝 물러나서 지켜봐야 한다. 부모의 완벽한 보호 아래 스스로 문제를 해결할 기회를 차단당한 아이는, 인생의 어려운 고비에 부딪쳤을 때 해결할 능력이 없다고 믿고 열등감에 빠진다. 아이들이 자라서 만나게 될 세상은 곳곳에 장애물이 놓인 녹록치 않은 곳이다. 비바람이 몰아치고 폭우가 쏟아지는 '진짜 세상' 속에서 이 아이들이 받을 충격은 상상 그 이상이다. 헌신적인 부모 밑에서 온실의 화초처럼 자란 아이들은 작은 비바람에도 견디지 못하고 쓰러진다. 부모가 해결사를 자처하는 것이 능사가 아님을 알아야 한다. 언젠가 아이는 부모의 손길이 닿지 않는 곳에서 문제를 만날 것이고 그때마다 부모가 나타나서 대신 해결해 줄 수는 없는 노릇이다.

부모의 역할은 문제를 해결해주는 게 아니라 스스로 해결할 수 있도록 기회를 주는 것이다. 아이들은 실수를 통해서 배우고 실패를 경험하면서 더 단단해진다. 실수와 실패는 결과가 아니라 성공에 이르는 과정일 뿐이다.

영국의 발명가 제임스 다이슨은 진공청소기를 개발하면서 5127번의 시도에서 5126번의 실패를 경험했다. 그리고 '한 번 더' 시도해 결국 성공했다. 숱한 실패 끝에 성공을 이룬 다이슨의 지론은 "성공은 99%의 실패로 이뤄진다."라는 것이다. 그는 "직원들이 실수하게 하면 일을 빨리 배운다."며 오히려 실패를 장려한다.

부모가 할 일은 실패를 못하게 막는 게 아니라 실패했을 때 다시 일어날 수 있도록 용기를 주는 것이다. 무슨 일에든 도전하고 안심하고 실패할 수 있는 환경을 부모가 만들어줘야 한다. 실패와 실수를 통해서 아이들은 성장하고, 실패 후의 성공은 성취감과 자존감으로 이어진다.

험한 세상에서 역경과 고난을 슬기롭게 헤쳐 나갈 수 있도록 내성을 키워주는 부모가 되어야 한다. 아이가 혼자서 아무것도 할 수 없다면 부모 자신의 양육방식을 돌아봐야 한다. 아이의 자율성을 인정하지 않았거나, 아이가 한 일에 대해 비판적이었거나, 아이에 대한 기대치가 지나치게 높지 않았는지 생각해보아야 한다. 부모가 다 알아서 해주니 아이들은 책임감 없고 의존적인 어른으로 성장하는 것이다.

부모가 자녀 인생을 대신 살아줄 수는 없다. 아이 옆에서 힘을 북돋아 주고 필요할 때 인생의 지혜와 경험을 가르쳐주는 것이 현명한 방법이다. 혼자서 무언가를 해 보고 성취의 기쁨을 느껴본 경험은 스스로에 대해 긍정적인 느낌을 갖게 한다. 자신을 믿을 수 있고 존중할 수 있는 기회를 많이 주어야 아이가 자기 확신에 찬 성공적인 인생을 살 수 있다.

"엄마, 아빠가 해줄 수 있는 것도 있고, 해줄 수 없는 것도 있어. 네게 좋지 않다고 판단한 일은 네가 아무리 원해도 해줄 수가 없어."

이런 태도가 부모에게 필요하다. 모든 것을 해줄 필요는 없다. 미리 챙겨줄 필요도 없다. 부모의 단호한 결단이 아이를 강인하고 건강한 인격의 소유자로 키울 수 있다. 아이들에게 필요한 것은 부모의 지시와 간섭이 아니라 응원이다. 실수하고 넘어질 때 비난 대신 칭찬과 격려로 아이들을 일으켜 세워주어야 한다.

식물은 제때에 물을 주고 햇빛만 잘 볼 수 있게 해주면 건강하게 잘 자란다. 영양이 필요하다고 해서 지나치게 공급하면 식물을 오히려 썩어버린다. 아이들이 도움을 요청할 때 필요한 부분만 도와주면 된다. 한 걸음 떨어져서 아이들을 지켜보고 기다려주는 인내가 아이를 건강한 성인으로 성장시킨다.

부모의 내면에도 성장이 필요하다

영미 엄마는 딸의 이성교제에 예민하게 신경을 곤두세우고 아이를 감시했다. 사춘기에 들어서면 이성에 대해 관심이 생기고 자연스럽게 교제를 하는 것이 요즘 아이들이다. 그런데 영미 엄마는 딸이 남자친구를 사귀는 것을 안 순간부터 노심초사하면서 아이가 조금만 늦게 들어와도 신경증적인 불안에 시달렸다. 딸의 이성교제에 지나치게 간섭하면서 딸의 생리일까지 일일이 체크했다.

나는 혹시나 하는 마음에 어머니의 십대 시절에 대해 물어보았다. 갑작스런 질문에 어머니는 당황하는 눈치가 역력했다. 잠시 머뭇거린 후 어머니는 답했다. "사실 제가 스무 살에 아이를 낳았어요. 멋모르고 남자친구를 만나서 어린 나이에 결혼한 것이 너무 후회가 돼서 내 딸은 절대 그렇게 되지 않았으면 하고 바랬어요." 딸에게 느꼈던 모든 감정은 어머니의 과거에서 비롯한 것이었다. 자신의 불안을 아이에게 투사하여 과도한 간섭으로 반항심만 심어준 경우였다. 문제의 뿌리가 자신에게 있음을 인식한 어머니는 딸의 이성교제에 대해서 더 이상 예민하게 반응하지 않게 되었다.

우리가 경험한 과거는 마음속 어딘가에 웅크리고 있다가 현재 하고 있는 모든 행동과 생각에 영향을 미친다. 부모로서 하는 일도 마찬가지이다.

어린 시절 나의 어머니는 걱정이 많으신 분이었다. 조금만 귀가가 늦어도 안절부절하면서 나를 기다리셨는데, 휴대전화가 없었던 당시에는 연락하기가 쉽지 않았다. 친구들과의 모임이 지체되는 날이면 엄마의 걱정스런 얼굴이 떠올라 제대로 놀지도 못한 채 불안한 마음으로 서둘러 자리를 떠야 했다. 엄마의 걱정이 부담스러워서 빨리 성인이 돼서 잔소리에서 벗어나고 싶었다. 하지만 어머니의 걱정은 내가 결혼을 하고 아이를 낳은 지금까지도 계속되고 있다.

세 아이를 키우면서 절대 엄마와 같이 되지 않겠다고 결심했지만 어느 순간 무의식적으로 엄마와 같은 행동을 하고 있는 내 모습을 발견하고 당황스러웠던 기억이 있다. 아이를 믿지 못하고 나만의 견고한 틀 속으로 아이를 밀어넣는 모습은 엄마의 모습과 한 치의 오차도 없이 닮아 있었다.

상담실에서 아이와 관계가 좋지 않았던 엄마들을 보면 과거 자신의 엄마와 안정적인 애착을 형성하지 못한 경우가 많았다. 사랑도 받아본 사람만이 할 수 있듯이 어린 시절 여러 가지 사정으로 부모의 사랑과 돌봄을 충분히 받지 못한 사람은 엄마가 되어서도 아이에게 사랑을 주는 것을 어려워했다. 과거 엄마에게 받지 못한 것을 내 아이에게는 마음껏 해주겠다고 다짐했던 사람들이, 엄마가 되어 자신도 모르는 사이에 어린 시절 받았던 상처를 자녀에게 대물림하고 있는 것이다. 아이는 자라면서 부모를 역할모델로 하여 생활태도와 가치관을 배우고 이러한 것들은 모두 아이의 내면에 깊숙이 자리 잡는다. 그러므로 내가 엄마의 모습을 내 아이에게 그대로 되풀이한 건 어찌보면 당연한 일이다. 반복되는 악순환의 연결 고리를 끊지 못하면 이 관계는 대대손손 이어진다.

부모들은 아이가 문제행동을 보이면 어떻게 고칠까만 고민한다. 그러나 문제행동의 이유, 즉 왜 그럴까를 먼저 생각하는 것이 지혜롭게 문제를 해결해 나가는 지름길이다. 아이들의 이상행동은 부모의 행동에 대한 반작용이다. 아이 나름대로 살아남기 위한 방어기제인 셈이다. 따라서 아이가 문제행동을 보이면 아이를 탓하기 전에 반드시 자신을 돌아보고, 자신의 문제를 해결한 다음에 아이를 바라보아야 한다. 부모로서 바로 서기 위해서는 힘들어도 가야만 하는 길이자, 부모로서의 통과의례다.

세상 일에 원인 없는 결과는 없다. 이 말은 아이를 키우는 데에도 그대로 적용된다. 아이들의 외모, 말투, 행동 어느 것 하나 부모에게서 오지 않은 게 없기 때문이다. 학교에서 아이들과 부모들을 많이 만나다 보니 아이를 보면 부모가 보이고 부모를 봐도 아이가 보이는 안목이 생겼다. 나중에 부모가 되어 아이를 키우게 되면 자신의 부모가 한 그대로 아이를 키우고 있는 모습을 발견하는 순간이 있을 것이다. 부모가 되는 교육을 받은 적이 없고 부모의 방식이 몸에 배어 익숙해지면 그것이 옳은지 그른지 판단하지 못한 채 부모의 행동양식을 그대로 따라 한다. 무심한 엄마 밑에서 자란 아이는 자신의 아이에게도 냉정하고 차갑게 대하고 폭력을 휘두르는 가정에서 자란 아이는 커서 가정 폭력의 주범이 된다. 좋은 부모가 되기 위해서는 어린 시절 자신이 경험했던 부모를 극복하는 과정이 필요하다. 그래야 내 아이를 건강하고 행복하게 키울 수 있고 부모 자신도 행복한 삶을 살 수 있다.

누구나 실수는 한다. 몰라서 실수하고 배우지 못했기 때문에 잘못을 저지를 수 있다. 부모도 자신의 문제를 몰라서 아이들에게 상처를 주는 것이다. 부모가 자신의 문제를 인식하고 마음이 건강해지면 아이들은 자연스럽게 치유된다. 부모수업이 필요한 이유다.

수용하는 부모가 아이의 자존감을 만든다

"선생님! 저도 공부 잘 하고 싶어요. 공부 못하고 싶은 학생이 어디 있겠어요? 하지만 아무리 해도 엄마의 기대는 끝이 없어요. 80점을 맞으면 90점을 요구하고 90점을 맞으면 100점을 요구해요. 이젠 지쳐서 아무것도 하고 싶지 않아요."

초등학생 시절 열 군데의 학원 순례를 했던 승우는 중학생이 되면서 아예 공부에서 손을 놓아버렸다. 부모가 원했던 공부 잘 하는 아이의 모습 대신 공부라면 진저리를 치는 아이가 된 것이다. 수업시간에 집중하지 못하고, 심한 장난으로 수업 분위기를 망치는 학생으로 낙인이 찍혔다.

학력 사회인 우리나라에서는 아이에게 높은 성적을 요구하는 부모와 지쳐하는 아이 사이에 끝없는 충돌이 발생한다. 부모는 자꾸만 높은 기대수준을 제시하면 자극을 받아서 성과를 낼 것이라고 생각하지만 현실은 그렇지가 않다. 부모의 이어지는 요구는 부모가 아이의 있는 그대로의 모습에 만족하지 못한다는 메시지를 아이에게 전한다. 잘한 것보다 부족한 것을, 장점보다는 약점을 콕콕 집어가며 더 잘하기를 요구하는 부모한테 아이는 어떤 감정을 느낄까? '우리 부모님이 내게 정말 신경을 많이 쓰시는구나!' 라고 생각할까? 아니면 '우리 부모님은 내가 마음에 들지 않으신가 봐. 못마땅하고 싫으신 게 분명해.'라고 느낄까?

아이가 자라서 성인이 되기까지 부모의 사랑은 무조건적이어야 한다. 그러나 많은 아이들은 '나는 사랑받을 만해야 사랑을 받는다'는 생각을 하면서 생활한다. 세상은 공부를 잘해야 칭찬을 받을 수 있고, 착하고 얌전하게 굴어야 귀여움을 받을 수 있는 냉혹한 세계라고 이해하는 것이다. 이렇게 되면 아이들 스스로도 있는 그대로의 자기 모습을 인정하기 어렵다. 자신을 미워하고, 부정하면서 깊은 심리적 고통을 겪게 된다.

십대 아이들은 자신의 집을 답답하고 싫다고 하는 경우가 꽤 많은데 심할 경우 가정을 감옥에 비유하기도 한다. 부모나 가족이 자신을 이해하고 수용하지 않는다고 느끼는 가정일수록, 부모가 칭찬보다 비난과 비판의 말을 많이 하는 가정의 아이일수록 집이 답답하고 숨이 막혀 마치 감옥에서 사는 기분이라 얘기한다. 가정을 성토하고 비난하는데 목소리를 높이는 아이들을 보며 어른으로서 참으로 미안하고 민망한 마음이 들었다.

정신의학자 에릭 번은 사람의 삶의 태도를 네 가지로 분류하면서 이 태도가 부모의 양육 태도에 강한 영향을 받는다고 했다. 적절하게 수용받고 보살핌 받은 경험이 있느냐에 따라서 사람이 자신과 다른 사람, 나아가 인생을 대하는 태도가 달라진다고 볼 수 있다.

자기를 부정하고 타인을 긍정하는 사람은 자신이 남보다 모자라다고 생각하고 다른 사람을 부러워하며 의존한다. 사사건건 단점을 지적받고 "어쩌면 제대로 하는 게 하나도 없니. 정말 걱정이다." 같은 말을 들으면서 큰 아이, 다른 사람과 비교당하는 아이, 자기 뜻대로 행동할 기회를 얻지 못하고 의존적으로 큰 아이들이 이런 태도로 기울기 쉽다. 자신감과 자기 확신이 없기 때문에 수동적으로 남의 의견을 따르고, 남을 부러워하고 자신과 비교하며 위축감을 떨치지 못한다. 열등감 때문에 타인과 교류를 회피하고, 지속적으로 우울을 느낀다.

자기를 부정하고 타인도 부정하는 사람은 자신을 가치 없는 존재라고 여기고 의기소침해 있지만, 타인 역시 부정적인 시선으로 바라본다. 남이 무언가를 성취하면 "부모를 잘 만난 덕이다. 운이 좋았을 뿐이다."라고 깎아내리고, 자신은 뭘 해도 안 될 거라며 비관적이고 무기력한 모습을 보인다. 부모에게 긍정적인 수용을 받지 못했을 뿐 아니라 적절한 보살핌과 애정 없이 방치당한 아이, 심하게는 학대당한 아이들이 이런 유형의 태도를 갖기 쉽다. 무엇을 해도 인정받을 수 없었던 경험이 불평불만과 비관으로 나타난다고 볼 수 있다.

자기를 긍정하고 타인을 부정하는 사람은 매사에 나만 옳고 남은 틀렸다고 생각한다. 마치 어린아이와 같이 자기중심적이다. 성장 과정에서 부모를 비롯한 타인과 충분한 교류를 하지 못하여 서로 수용하는 방법을 배우지 못한 경우이다. 겉으로는 자신감이 강해 보이지만, 이는 왜곡된 자존심과 비현실적인 자만심에 가깝다. 타인에게 분노와 불신을 드러내며, 남을 업신여기며 독선적인 태도를 보이기 때문에 대인관계에 어려움을 겪는다.

자신을 긍정하고 타인도 긍정하는 사람은 남과 나의 차이를 인정할 줄 알고 열린 마음으로 세상을 대한다. 성장기에 부모로부터 충분한 긍정과 수용을 받아 스스로와 타인에 대한 신뢰를 가지고 있다. 이들은 자신감을 갖고 상황에 대처할 줄 알며, 기꺼이 다른 사람과 협력하고 교류한다. 건강하고 행복한 삶을 영위할 수 있는 가장 조화롭고 안정적인 삶의 태도라고 할 수 있다.

부모라면 누구나 다 자신과 타인을 모두 긍정할 수 있는 네 번째 유형 같은 아이를 키우고자 할 것이다. 그 첫 번째 전제조건은 아이가 가진 다양한 모습을 있는 그대로 사랑해주는 것이다. 아이를 긍정적인 시선으로 바라보면 부모 자신도 편안해지고 아이도 자존감과 유능감이 있는 건강한 아이로 자란다. 누구와 비교하지 않고 자신의 잠재력을 마음껏 발휘하는 자아실현적인 삶을 살 수 있다.

아이들은 '네가 대학에 들어간다면' '네가 이번에 1등을 하면'이란 조건 없이 부모로부터 인정을 받고, 칭찬을 듣고 싶어 한다. 비록 내 아이가 한 가지도 잘 하는 것이 없다고 하더라도 그 아이는 사랑받을 권리가 있다. 존재 자체만으로 사랑받고 있다는 것을 느낄 수 있어야 자존감이 높은 아이로 자란다. '네가 설령 공부를 못해도, 비뚤어진 행동을 하더라도, 너의 어떤 행동과도 상관없이 너라는 존재를 조건 없이 사랑한다'는 메시지를 부모에게서 받을 때 아이는 부모와 자기 자신을 온전히 믿게 된다. 꽃이 싱싱하게 자라려면 충분한 양분과 햇살이 필요하듯이 청소년이 바르게 성장하려면 조건 없는 사랑과 관심이 필요하다.

물론 부모가 되면 지금 내 아이의 모습에 만족하고 편안한 마음을 느끼기가 쉽지 않다. 하지만 있는 그대로의 모습을 인정해 줄 때 아이들은 더 잘 하려고 노력하게 된다. 지금 하고 있는 노력을 인정해주는 것 자체가 아이에게는 격려가 되어서 더 잘 하고 싶은 내재적 동기를 불러일으킨다.

인간은 더 나은 방향으로 나아가고 싶은 기본적인 욕구가 있다. 그래서 아이들도 누구보다 공부를 더 잘 하고 싶은 마음이 있다. 부모에게 인정받고 칭찬받고 싶은 욕구가 충족이 되면 아이들은 부모가 잔소리 하지 않아도 스스로 할 일을 찾고 자기주도적인 삶을 살 수 있다. 그리고 어느 순간이 되면 자신의 잠재력을 발휘해서 행복한 인생의 주인공이 된다. "있는 그대로의 나를 수용할 때 내가 변화한다." 인간중심상담으로 유명한 심리학자 칼 로저스의 말이다.

큰아이를 임신하고 열 달 내내 나는 건강한 아기로 태어나게만 해

달라고 간절하게 염원했다. 아이가 태어나고 자라며 나날이 예쁘고 깜찍한 모습을 보여줄 때도 그저 건강하게 잘 자라주기만을 바랐다. 하지만 아이가 초등학교에 입학하자 나의 초심은 어느덧 사라졌다. 존재 자체만으로 감사하며 행복했던 순간은 잠시였다. 아이의 학년이 올라갈수록 엄마의 기대와 욕심도 올라갔다. 숙제를 매번 검사했고 시험을 보면 틀린 문제를 지적하고 야단쳤다. 점점 마음이 조급해졌고 기대에 부응하지 못하는 아이가 마음에 들지 않았다. 순수하고 무조건적이던 사랑이 엄마의 욕심에 가려 점점 조건적 사랑으로 변질되었다.

내 아이가 다른 아이들보다 조금 더 잘난 모습을 보여주기를 애타게 기다리는 부모에게 아이의 모습은 언제나 부족하게 느껴질 수밖에 없다. 만약 당신이 이런 부모라면 다시 초심으로 돌아가야 한다. 지금 내 아이의 모습도 몇 년이 지나면 다시는 볼 수 없다. 미래만 꿈꾸느라 현재의 사랑스러운 아이의 모습을 놓친다면 얼마나 아까운 일이겠는가.

6장

아파하는 십대 감싸안기

아파하는 십대 감싸안기

"사춘기 애들은 다들 그러는 거 아니에요?"

"우리 애는 초등학교 다닐 때까지는 아무런 문제도 없었는걸요. 중2병 같은 것 아닐까요."

"이러다 말겠죠. 사춘기만 지나면 괜찮아질 거예요."

아이가 폭력이나 가출 등의 문제행동을 일으켰을 때, 이를 '사춘기 증상' 정도로 여기고 대수롭지 않게 받아들이는 부모가 생각보다 많다. 감기처럼 가만히 내버려두면 저절로 나을 것이라 기대하기도 한다. 하지만 부모가 관심을 가져주지 않으면 아이의 문제행동은 결코 저절로 나아지지 않는다. 더 잦아지고 심해질 뿐이다.

사소하게 깨진 유리창을 방치할 경우 결국에는 그 건물 전체를 무너뜨릴 수 있다는 '깨진 유리창의 법칙'이 자녀양육에서도 예외는 아니다. 시작은 별 것 아닌 것처럼 작아 보이지만 방치할 경우 그 싹은 거대하게 자라서 심각한 결과를 초래할 수 있다. 부모는 평소에 늘 관심을 가지고 자녀를 관찰해야 한다. 십대는 여전히 보호가 필요하고 심리적으로나 육체적으로 부모의 이해와 지도가 필요한 시기이다.

상담을 받으러 오는 아이들 중에 소위 '문제아'라고 불리는 아이들이 있다. 툭하면 가출을 하고 욕설을 퍼부으며 폭력과 일탈행위를 일삼는 아이들은 언제 터질지 모르는 뇌관처럼 불안해 보인다.

하지만 찬찬히 상담을 해보면 아이들에게는 큰 문제가 없다는 것을 발견하게 된다. 처음에는 반항적이고 산만해 보이지만 심리적인 부적응이 심각하지 않은 경우가 대부분이다. 이런 경우 가정 얘기를 유심히 들어보면 부모나 환경에 문제가 있을 때가 많았다.

아이는 부모의 좋은 모습뿐만 아니라 나쁜 모습까지 그대로 배운다. 폭력적인 아이, 산만한 아이, 정서적으로 불안정한 아이 등 문제가 있는 아이들은 대부분 더 큰 문제가 있는 부모로 인해 고통을 받고 있었다. 자신의 문제는 인식하지 못한 채 모든 것을 아이 탓을 하며 불평하는 부모를 보면서 답답할 때가 많았다. 원인은 부모인데 부모는 상담을 받지 않고 아이들만 상담실로 들여보낸다. 아이들은 상담을 받고 좋아지지만, 얼마 지나지 않아 다시 제자리로 돌아가고 만다. 부모가 변하지 않았기 때문이다. 영국의 교육학자 닐 포스트먼은 "문제아란 없다. 존재하는 것은 문제부모뿐이다."라는 말을 했다. 아이의 문제를 탓하기 전에 부모 자신을 먼저 돌아보는 것이 필요하다는 말이다.

사춘기는 인간의 발달과 성장 과정에서 반드시 통과해야 하는 기간이다. 하지만 사춘기라는 터널을 모두가 다 건강하게 빠져나오지는 못한다. 성장의 진통으로 혼란을 겪고 있는 아이들에게 적절한 관심과 보호가 주어지지 못하면, 아이의 방황은 심해지고 일탈로 흐르기도 한다. 일탈의 꼬리표는 아이를 더 큰 외로움과 혼란에 몰아넣고, 그만큼 성장에도 어려움이 생긴다.

아이가 건강하고 무사하게 성장할 수 있도록 관심과 애정을 기울이고, 고비마다 힘이 되어주는 것이 부모의 역할이다. 반항하고 엇나가는 아이의 모습이 당혹스럽고 힘들겠지만, 어떤 순간에도 아이는 항상 부모를 필요로 하고 있다는 것을 잊지 말아야 한다. 사춘기의 긴 터널을 지나는 아이의 손을 맞잡고 함께 걸어주자. 그 터널 끝에는 부모와 자녀의 동반성장이라는 아름다운 결실이 기다리고 있을 것이다.

불화하는 부모, 길을 잃은 아이

"내가 몇 살 때였는지 정확히 기억은 안 나는데 엄마 아빠는 부부싸움을 하고 있었고 누나가 나를 껴안고 울고 있었어요. 아빠는 닥치는 대로 물건을 집어던졌고 엄마도 아빠한테 소리를 지르며 대들었어요. 엄마는 집을 나갔다가 한참 후에 술에 취해서 들어오셔서는 '이혼을 해야지 이대로는 못 살겠다'면서 신세한탄을 했어요. 누나는 울면서 엄마를 위로했고 나는 자는 체 하면서 엄마가 하는 얘기를 다 들었어요. 언제까지 이렇게 살아야 하나 싶어서 밤새 울었어요."

부부싸움으로 아이 가슴에 지울 수 없는 상처를 남겨 놓고도 부모들은 쉽게 생각한다.

"다 지나간 일이에요. 지금은 다 해결되었고 이제는 싸우는 일 없어요."

이미 지나간 일이고 어른들끼리 화해하고 끝난 일이므로 아이와는 아무런 상관이 없다고 생각한다. 하지만 아이들 얘기는 부모의 생각과는 많이 다르다.

"부모님이 예전에 자주 싸우셨어요. 심할 경우 아버지가 엄마를 때리기도 했어요. 돈 문제로 주로 싸우셨는데 나한테 돈이 많이 들어가서 힘드셨나 봐요. 다니던 학원을 그만둘까? 아르바이트를 할까? 도 생각해 봤어요. 다 나 때문인 것 같아요."

부부가 싸울 경우 아이들은 죄책감에 시달린다. 내가 말을 안 들어서, 내가 공부를 못해서 부모님이 싸운다고 생각한다. 정작 부모는 기억도 못하는 싸움도 자기 때문이라며 자책한다. 부모와 다르게 느끼고 다르게 생각하기 때문이다. 아이도 당연히 나처럼 생각할거라 믿지 말고 자녀의 생각을 먼저 물어보는 것이 필요하다. 어른의 입장에서 생각하면 아직 미성숙한 내 아이 마음에 공감할 수 없다.

부부싸움을 목격한 아이들은 놀라서 당황하게 되고 불안과 슬픔, 우울감을 느낀다. 부부싸움이 반복될수록 자녀들은 답답하고 짜증이 난다. 심한 경우 부모에 대해 극도로 분노하고 적개심을 보이면서 어떤 기대조차 하지 않게 되는 상태로까지 발전한다. 부부싸움은 자녀의 성격에도 영향을 미쳐서 우울하거나 냉소적인 성격을 형성하게 될 가능성이 있다.

특히 부모 간의 불화가 별거나 이혼으로 이어질 경우, 가족 간 유대관계가 크게 약화되고 경제적 문제, 정서적 무관심 등의 부작용이 따라 아이들은 이중, 삼중의 고통을 겪는다. 통계청의 조사에 따르면 1970년대 줄곧 1만 건을 조금 넘겼던 이혼 건수는 이후 지속적으로 상승해 1998년 급기야 10만 건을 넘었다. 이후 2003년에는 역대 최고치인 16만 건을 상회하면서 정점을 찍었다. 2010년부터는 이혼 건수가 11만 건으로 소폭 감소한 상황이지만 여전히 높은 이혼율을 유지하고 있다. 한국의 이혼율은 다른 경제협력개발기구(OECD) 회원국들과 비교해 봐도 상당히 높은 수준이다. 인구 1,000명당 이혼건수를 의미하는 조이혼율을 기준으로 봤을 때 2011년 한국은 2.3명을 기록, 전체 34개 회원국 중 9위를 차지했다. 아시아 회원국 중에선 1위에 해당한다. OECD 전체 평균은 1.9였다.

"아버지와 살면서 한 번도 좋은 기억이 없었어요. 늘 엄마와 싸우고 엄마를 때리기만 하셨어요. 오죽하면 아버지를 피해서 도망을 왔겠어요. 언제 아버지가 찾아올지 몰라서 불안하고 무서워요. 엄마와 둘이 사니까 마음은 편한데, 엄마가 일 때문에 매일 늦게 들어오시고 주말도 없이 일할 때도 많아서 걱정이에요. 저러다가 엄마가 병이라도 나면 어쩌지 하는 생각에 미래가 불안하고 두려워요."

아버지의 폭력으로 부모가 별거하고 한부모 가정에서 자라는 태현이의 호소다. 별거 후에도 아버지가 찾아와 난동을 부린 사건을 겪은 후, 태현이는 극심한 무기력증과 불안감을 보였다. 대인기피증으로 또래관계를 제대로 맺지 못해 교실에서도 혼자서 지낼 때가 많았고 수업 중에 말없이 학교를 나가버리기도 했다.

스웨덴 카롤린스카 연구소 마린 버그스트룀 연구팀은 12세에서 15세 스웨덴 청소년 15만 명을 무작위로 추려내 부모의 별거나 이혼이 아이들에게 정신적, 신체적으로 어떤 영향을 끼치는지 추적 관찰했다. 그 결과 심인성질환장애라고도 불리는 정신신체장애(pychosomatic problem)는 남자보다 여자에서, 공동양육보다는 단독양육되는 아이들에게서 그 위험도가 높았다. 비록 이혼 또는 별거 중이라도 공동으로 양육되는 아이들은 한쪽 부모 밑에서만 양육되는 아이들보다 정신신체장애 발병 위험도가 낮았지만, 보통 가정에서 자란 아이들보다는 발병 위험도가 높았다. 이 연구결과는 부모의 이혼이 아이의 정신건강을 악화시켜 신체 증상까지 가져올 수 있다는 근거를 제시한다.

우울감을 호소하는 현규를 상담실로 불렀다. 목소리가 거의 들리지 않을 정도로 힘이 없었고 얼굴에는 표정이 없었다. 처음에는 묻는 말에 제대로 대답도 하지 않았지만 상담을 받는 횟수가 늘어나면서 조금씩 마음을 열기 시작했다. 자주 배가 고프다고 해서 간식거리를 챙겨주곤 했는데 현규는 매번 사흘을 굶은 아이처럼 허겁지겁 먹어 치웠다.

"새엄마가 너무 싫어요. 나를 벌레 보듯 하고 귀찮아하는 게 눈에 보여요. 아버지가 계실 때는 나한테 잘해주는 척 하지만 아버지가 안 계시면 태도가 돌변해요. 반찬도 제대로 안 해주셔서 집에 먹을 게 하나도 없어요. 도저히 밥을 먹을 수가 없어요."

현규 부모님은 현규가 초등학생일 때 이혼을 했다. 그 후 아버지는 재혼을 했고 현규는 새엄마 밑에서 자랐다. 새엄마가 대놓고 구박을 하는 바람에 현규는 있을 곳을 잃은 채 몸도 마음도 메말라가고 있었다.

최근 다양한 사유로 이혼이 늘어나면서 그 피해는 고스란히 아이들에게 돌아가고 있다. 부모들의 양육권 다툼 과정에서 자녀들이 상처를 입기도 하며 일부는 고아로 방치되기도 한다. 통계청에 따르면 지난해 부모의 이혼을 겪은 미성년자는 8만 8200여 명에 달한다.

아이에게 가정은 기본적인 의식주를 해결해주는 공간이자 심리적으로 아이를 보호하고 지지해주는 정서적 공동체이기도 하다. 그런데 이혼률이 증가하고 한부모 가정이 늘면서 그 기능을 제대로 수행하지 못하는 가정이 점점 많아지고 있다. 부모의 이혼과 이혼으로 인해 발생하는 경제적 문제, 무관심, 잘못된 양육태도 등은 아이에게 회복하기 힘든 치명적인 상처를 입힌다.

부부싸움을 목격하는 것만으로도 아이는 지진을 경험하는 것과 같은 공포감과 불안을 느낀다고 한다. 이혼은 가정에서 느껴야 할 안정감을 송두리째 빼앗아가고 인성에도 부정적인 영향을 끼친다. 불안한 가정에서 자란 아이들은 자아가 불안정해서 조그만 자극에도 쉽게 무너지고 자존감이 약해서 자신의 존재 자체에 대해 의심을 품기도 한다.

자녀는 자신이 어떻게 해서든 이혼을 막았어야 했다는 죄책감에 빠질 수 있다. 또 한편으로는 부모의 행동을 비난하고 분노할 수도 있고 심한 경우 공격행동을 하거나 가출, 자살을 기도하기도 한다. 불안정한 가정 상황에서 느끼는 불안과 두려움을 짜증과 분노로 표출하기도 한다.

가정에 위기가 발생했을 경우, 부모는 아이와 최대한 소통하면서 불안과 두려움을 완화하려는 노력을 아끼지 말아야 한다. 아이는 위기 그 자체에도 민감하게 반응하지만 아무 것도 모르고 있을 때 가장 큰 불안을 느낀다. 아이에게 상황을 현실적으로 설명하고 어떻게 해결하려 하는지까지 이야기해주는 것이 좋다. 또 떨어져 살더라도 항상 가족으로 남을 것이라는 점을 알려주어야 한다.

불가피하게 이혼을 하게 될 경우 아이들이 받는 상처를 반드시 생각해야 한다. 이혼 과정에서 부부는 서로를 비난하고 헐뜯으며 아이 앞에서 배우자를 깎아내리는 말도 서슴없이 내뱉는다. 부부는 스스로 선택해서 결혼했고 또 이혼했다. 그러나 아이에게 부모는 나무의 뿌리와 같은 존재이다. 뿌리를 부정하는 것은 아이의 존재를 부정하는 것과 마찬가지다. 존재를 부정당한 아이는 혼란스럽고 우울할 수밖에 없다. 부부간의 문제는 부부 사이에서 끝나야 한다. 이혼했다고 해서 아이가 한쪽 부모를 그리워할 권리까지 박탈해서는 안 된다.

한국가정법률상담소 조은경 상담위원은 "이혼이 증가하는 현실 속에서도 어떻게 하면 아이들이 잘 양육될 수 있는지에 초점을 맞출 필요가 있다."며 "아이들은 부모 양쪽이 다 있는 환경에서 양육되는 게 좋으며, 가정 폭력 등 어쩔 수 없는 경우에는 이혼을 해야 한다."고 말했다. 이어 "아이들은 양쪽의 피를 다 받았기 때문에 어느 한쪽이 나쁜 사람이 된다면 자존감에 상처를 받는다."며 "이혼은 아이들의 안전한 양육환경을 찾아가는 과정에서 고려해보는 수단일 뿐 최종 목적지가 아니다."라고 덧붙였다.

아이들은 부모가 재혼을 해도 그 이전의 가정으로 돌아갈 수 있다는 환상을 가지고 있다고 한다. 이러한 생각은 오히려 좌절을 거듭하게 하고 현실에 적응하는 데 장애가 될 수 있다. 그러므로 마음이 아프더라도 엄마 아빠의 이혼을 받아들이고 새로운 환경에 적응해야 한다는 사실을 인식시켜야 한다.

가장 중요한 것은 아이가 버림받았다는 느낌을 갖지 않게 하는 것이다. 이혼을 통해 부모 한쪽이 떠나게 되면 아이들은 부모가 자신을 버렸다고 믿는다. 이러한 생각은 자신이 버림받아 마땅한 존재라거나 가치 없는 존재라는 믿음으로까지 발전해 아이의 자존감에 심각한 손상을 입힌다. 그러므로 아이들이 자신을 사랑하고 스스로를 가치 있는 존재로 느낄 수 있도록 하는 것이 무엇보다 중요하다. 어른들끼리의 사랑은 변할 수 있어도 부모가 자녀를 사랑하는 마음은 절대 변하지 않는다는 확신을 아이에게 심어 주어야 한다.

부모의 이혼으로 입은 상처로부터 회복되는 데에는 대략 3년에서 5년이 걸린다고 한다. 그러나 한번 입은 상처의 흔적은 계속 남는다. 이혼이라는 현실은 바꿀 수 없지만 부모는 자녀의 회복을 위해 혼신의 노력을 기울여야 한다.

애정결핍이 부른 무분별한 이성교제

평소 감정 기복이 심하고 우울감을 호소하던 성훈이가 어느 날 상담실 문 앞에서 서성거리고 있었다. 오랜만에 상담실을 찾은 아이가 반가워 안으로 들어오게 했다. 아이는 이런저런 일상 이야기를 했고 나는 별 생각 없이 듣고 있었다. 그런데 갑자기 아이가 "선생님! 저는 살인자예요."라면서 흐느끼기 시작했다. 사귀던 여자친구와 여행을 갔다가 덜컥 임신이 되었고 어쩔 수 없이 낙태를 했다는 것이었다. 아르바이트를 해서 약값과 병원비는 직접 해결을 했으나 아이를 죽였다는 죄책감에 매일이 너무 힘들다는 호소였다. 성훈이는 부모의 이혼 후 아버지가 해외 지사로 부임하여 보육원에 맡겨진 아이였다.

한 여학생의 경우 어렸을 때 부모님이 일을 하느라 집을 비운 사이 성폭행을 당했다. 이후로 아이는 남자들과 지속적으로 성관계를 맺으며 결국 임신까지 하게 되었다. 이 여학생은 자신의 존재 가치가 없다고 느낄 정도로 자존감이 낮았으며 끊임없이 자해를 하면서 자신을 벌주고 있었다.

부모의 사랑이 결핍된 아이는 이성교제에서 뜻하지 않게 문제를 일으킬 수 있다. 대부분이 생각하는 사랑이 사실은 상실감과 결핍을 채우려는 욕구 충족의 한 수단이기 때문이다. 요즘 십대들은 심각한 애정결핍을 겪고 있다. 맞벌이 부부가 늘어나고 대가족이 해체됨에 따라 부모를 대신할 양육자가 없는 가정환경에서 자라는 것이 한 원인이다. 경제적으로 열악한 가정일수록 이런 현상은 더욱 심각하다. 부모가 일하느라 바쁜 사이 아이들은 방치되거나 제대로 된 관심을 받지 못한 채 십대를 맞이한다.

사춘기에 그동안 곪았던 마음의 상처가 터진 아이들은 부모의 무관심에서 비롯한 상처를 무분별한 이성교제로 해결하려고 한다. 외롭고 힘든 나머지 어디라도 기대고 싶은 마음에 성급하게 이성을 만나는 것이다. 십대에 임신을 하는 아이들의 대다수가 이러한 문제를 갖고 있다. 십대들의 무분별한 이성교제는 성적 호기심 탓이 아니라 부모로부터 받지 못한 애정을 보상받고자 하는 심리로 이해해야 한다.

민성이는 어린 시절에 엄마가 돌아가셔서 아버지 밑에서 자랐다. 하지만 아버지도 해외근무가 잦아서 민성이는 혼자서 지낼 때가 많았다. 십대가 되어 여자친구를 사귀게 되었는데, 민성이는 여자친구가 자신에게서 조금만 멀어져도 힘들어하고 심지어 여학생의 학교 주변을 서성이며 관심을 끌려고 했다. 지나친 관심과 집착에 부담을 느낀 여자

친구는 헤어지자고 했고 공허감을 견디지 못한 아이는 곧바로 다른 여자친구와 사귀었다. 하지만 반복되는 집착으로 만나는 여자친구마다 관계가 오래 지속되지 못했고, 잦은 만남과 헤어짐을 반복하는 악순환만 되풀이되었다. 어린 시절에 채워지지 못한 결핍을 보상받으려는 안타까운 몸짓이었다.

정신분석가인 멘츠는 "불행한 어린 시절은 우리를 사막 한가운데서 필사적으로 물을 파게 만든다. 사막에서는 물을 구할 수 없다. 오랫동안 물을 구하지 못해 목이 마르면 마를수록 무엇이 잘못되었는지 바로잡을 생각을 하지 못한다. 기진맥진할 때까지 필사적으로 땅을 더 깊이 파려고 할 뿐이다."라고 말했다. 관심에 목마른 아이들은 자기가 원하는 애정과 관심이 오지 않을 경우 낙담하고 실망해서 술과 담배를 가까이 하거나 심한 경우 약물을 사용하기도 한다.

어린 시절 부모의 사랑과 관심은 아이가 성인이 되어서 맺게 되는 대인관계의 기초가 된다. 기초가 튼튼하면 거절을 당해도 쉽게 상처를 받지 않고 회복도 빠르다. 영국의 심리학자인 존 보울비는 유아기 애착 형성이 성인이 되어서 성격에 어떤 영향을 미치는가를 조사했다. 만약 아기 때부터 부모가 아이의 감정을 존중해주고 적절한 반응을 해준다면 아이는 불안감 없이 정서적 안정감을 갖는다. 또, 어려움이 닥치고 힘이 들어도 '부모님만은 나를 지지해 줄 것'이라는 믿음을 갖는다. 하지만 애착 형성이 제대로 되지 않으면 세상을 살아갈 마음의 힘을 비축하지 못한다. 보울비는 "어렸을 때 애착 형성이 제대로 이루어지지 않으면 그 후유증이 평생 동안 이어질 수도 있다."고 말했다. 생후 1~2년 안에 형성되는 애착 관계가 이후 만나게 될 수많은 사람과의 관계에 영향을 준다는 것이다.

애착이론의 핵심은 부모가 아이에게 지속적인 관심과 사랑을 보여줌으로써 아이로 하여금 세상과 타인에 대한 기본적인 신뢰감을 갖게 하는 것이다. 충분히 관심을 받고 자란 아이는 성인이 되어도 타인의 관심을 지나치게 추구하지 않고 건강한 인간관계를 형성하게 된다. 반면 어린 시절 충분한 사랑과 관심을 받지 못해 결핍된 상태에서 성장한 아이는 자라면서 타인의 인정과 관심을 지나치게 추구하게 된다. 마음 깊은 곳에 자리 잡아야 할 사랑의 샘물이 말라버려서 제대로 된 사랑을 할 수 없기 때문이다.

농사를 지을 때 이른 봄에 씨앗을 뿌리듯이 자식 농사에서도 안정애착은 유아기에 가급적 일찍 뿌리를 내려야 한다. 과거 자신의 엄마와 안정 애착이 어려웠던 엄마들은 내 아이에게 무의식적으로 엄마에게 받았던 정서적 결핍과 거부를 대물림하고 있는 건 아닌지 스스로를 돌아보아야 한다.

2010년 한국여성인권진흥원에서는 중·고등학생 2,894명을 대상으로 '청소년 성문화 의식조사'를 실시하였다. 일반 청소년 2,538명과 소위 문제아라고 불리는 위기 청소년 356명을 나눠서 조사했는데 일반 청소년의 2.8%, 위기 청소년의 39%가 성관계 경험이 있는 것으로 나타났다. 성관계를 처음 경험한 연령은 평균 15.4세로 대부분 중학교 때이고 그 대상은 62.9%가 이성친구라고 답했다. 십대 아이들은 이성과 접촉하는 시간과 기회가 점점 많아짐에 따라 성에 대한 인식은 부모세대들에 비해 개방적이지만, 책임의식이나 피임 등 성지식은 매우 부족한 것으로 드러났다. 안정적이지 못한 이성교제가 십대 임신으로 이어지기 쉬운 것은 이 때문이다.

상담교사로 있으면서도 안타까운 사례를 여럿 경험했다. 담임교사가 매우 심각한 표정으로 상담실로 들어섰다. 반 여학생 중 한 아이의 몸 상태가 이상한데 임신이 아닌지 걱정스럽다는 것이었다. 상담을 한 결과 담임교사의 예상은 불행히도 적중하고 말았다. 아이는 현재 임신 중기의 상태였다. 부모님을 상담실로 오시라 해서 이 문제에 대해 의논하기로 했다. 부모는 딸의 상태에 대해 전혀 눈치채지 못하고 있었다. 조심스럽게 운을 떼자마자 엄마는 대성통곡을 하면서 울기 시작했다. 부모 입장에서는 마른하늘에 날벼락 같은 일이었음을 모르는 바 아니었지만 딸이 저 지경이 되도록 까맣게 모를 수 있나 싶어서 내심 기가 막혔다. 아이는 몸 상태가 좋지 않았고 그 몸으로 학교를 계속 다닐 수도 없는 상황이라서 학교를 쉬는 것으로 결정이 났다.

십대 임신은 아이들에게 신체적, 심리적으로 여러 가지 문제를 일으킬 수 있다. 임신을 한 십대는 매우 불안정한 처지에 빠진다. 학업 중단이나 가출 등으로 생활 전반이 흔들리고, 사회적인 멸시와 죄의식, 수치심 등에 시달리며 심리적으로 심한 불안정 상태에 놓이게 된다. 준비 부족으로 양육 포기를 할 수 있으며 아빠가 없는 미혼모가 될 수도 있다. 불균형한 영양섭취나 음주, 흡연 탓으로 아기가 뇌성마비, 정신지체 등의 선천적 장애를 안고 있을 가능성도 높다. 또 불법 임신중절을 시도했다가 패혈증과 출혈을 일으켜 위험한 경우 사망에 이르기도 한다.

종종 성에 대한 십대의 관심은 본능적이고 자연스러운 것이라고 말한다. 하지만 그에 대한 책임을 가르치는 것에 대해 소홀해서는 안 된다. 성충동을 절제하지 못할 경우 일어나는 문제에 대해 아이들이 인식할 수 있도록 어른들이 적절히 지도하는 것이 필요하다. 자신의 소중한 성을 보호하고 지켜야 하는 이유를 설명해주고 누구에게나 강요받지 않고 자신의 의지나 판단에 따라 성적인 행동을 결정하고 선택할 권리가 있음을 알려주는 것이 좋다.

십대들의 무분별한 성관계와 임신 등이 사회문제로 떠올랐던 네덜란드에서는, 30년 전만 해도 성관계를 처음 경험하는 나이가 12.4세였다. 하지만 소통 중심의 성교육 프로그램을 초등학교부터 체계적으로 실시한 결과 아이들의 성적 자기결정 능력이 높아져서 최근에는 첫 성관계를 경험하는 나이가 17.7세로 높아졌다. 우리나라도 체계적인 성교육 프로그램이 시급하다.

아이가 이성 친구를 만난다는 사실을 알게 되면 부모는 몹시 당황한다. 성급하게 아이를 닦달하기보다는 부모 자신이 먼저 생각을 정리해둘 필요가 있다. 깊이 생각하고 성찰해서 아이의 상황을 객관적으로 바라보아야 한다. 요즘과 같은 세상에 부모가 자녀의 이성문제를 100% 통제하는 것은 불가능하다. 최선의 방법은 평소에 아이와 소통의 창구를 열어두고 이성교제 사실을 부모에게 자연스럽게 알릴 수 있도록 해두는 것이다. 중요한 것은 상호 신뢰를 형성하는 것이다. 부모가 자신을 신뢰한다고 느끼는 아이들은 부모의 믿음을 저버리지 않고, 염려하는 선을 넘지 않는다.

아이들이 무분별한 이성교제에 빠지지 않도록 하는 가장 좋은 방법은 부모의 관심이다. 사랑과 관심을 충분히 받고 자란 아이는 이성을 통해 사랑을 보상받으려 하지 않는다. 이성과의 교제에서 자기표현을 확실하게 할 줄 알 정도로 자존감이 높기 때문에 건전한 이성교제로 이어질 수 있다. 아이들의 결핍된 사랑의 샘을 채워줄 수 있는 유일한 사람은 부모임을 잊어서는 안 된다.

학교폭력 뒤에는 가정폭력이 있다

고등학생이 되면 폭력문제는 중학생일 때보다 오히려 줄어들지만 남학생들의 학교폭력 발생빈도는 꽤 높다. 복도 쪽이 소란해서 얼른 나가봤더니 두 녀석이 엉겨 붙어서 싸우고 있었다. 한 여선생님이 아이들을 말리느라 진땀을 흘리고 있었지만 덩치 큰 남학생 둘을 감당하기엔 역부족이었다. 서둘러 남자 선생님께 연락을 해서 더 큰 불상사는 막았지만 두 녀석은 계속 씩씩거리면서 분을 삭이지 못했다. 사태가 진정된 후 아이들을 살펴보니 한 아이는 이미 나와 여러 번 상담을 한 정훈이였다.

처음에 정훈이는 담임교사의 의뢰로 상담실에 오게 되었다. 평소에는 괜찮은데 한 번씩 분노를 폭발시킨다는 것이 상담을 의뢰한 이유였다. 정훈이는 외모가 여자아이처럼 곱상했으며 심성이 부드럽고 말도 차분하게 잘 했다. 하지만 상담이 진행되면서 아이의 입에서 나온 말은 섬뜩할 정도로 거칠었다.

"아버지요? 그런 사람이 무슨 아버지예요? 나한테 했던 짓을 생각하면 당장이라도 죽여버리고 싶어요."

아버지의 무자비한 폭력이 문제였다. 정훈이는 어렸을 때부터 지속적으로 아버지의 폭력에 시달려왔고 머리를 맞아서 응급실에 실려 간 적도 여러 번이었다고 했다. 보다 못한 주변 지인들의 도움으로 현재는 아버지와 격리되어 할머니와 살고 있었다. 아이의 상처를 어루만져 주면서 억압된 분노를 풀어내고 감정을 조절하는 데 중점을 두고 상담을 진행했다. 하지만 스트레스 상황이 닥치면 언제나 폭력으로 해결하려는 행동은 쉽게 고쳐지지 않았다.

"선생님, 저는 절대 아버지처럼 살지 않을 거예요. 절대 우리 가족들 안 때릴 거예요."

많은 아이들이 폭력을 행사하는 아버지의 모습에 분노를 느끼면서 자신은 절대 그렇게 행동하지 않겠다고 다짐한다. 하지만 폭력은 대물림된다는 것이 이미 여러 연구에서 입증된 바 있다. 학교폭력 가해 학생의 대부분은 맞고 자란 아이들이다. 폭력적인 아버지의 가계도를 조사해 보면 할아버지 역시 폭력적이었던 경우가 대부분이다. 아들의 역할모델인 아버지가 행사하는 폭력은 아들을 아버지와 똑같은 사람으로 만든다.

폭력에 노출된 채 보호받지 못하고 자라는 동안 쌓인 상처는 분노가 되어 자기보다 약한 대상, 심지어 사랑하는 가족에게까지 쏟아진다.

학교에서는 소외된 아이를, 집에서는 동생을 폭력의 대상으로 삼는다. 동생이 없으면 누나, 혹은 어머니나 할머니 등이 대상이 된다. 자기보다 강한 아버지에게는 대항하지 못하지만 자기보다 약한 아이들은 함부로 때리고 욕하면서 분노를 표출하고 손상된 자아를 보상받으려고 한다. 부모가 자기를 때리고도 감정의 동요가 없는 모습을 보고 자랐기 때문에 자신이 저지른 폭력에 대해서 죄책감도 별로 없다. 학교폭력의 피해자가 다시 가해자가 되는 것도 같은 이유에서다.

부모의 폭력으로 받은 상처와 분노를 내부로 돌리는 아이들도 있다. 자기 몸을 괴롭히는 방법으로 분노를 표현하는 아이들이다.

"늘 머리가 아프고 배도 가끔씩 아파요. 기분이 우울해지면 아무것도 하기 싫어져요."

아버지의 폭력으로 몸과 마음을 다친 여학생의 호소이다. 엄청나게 쌓인 분노를 표출할 방법을 찾지 못한 아이는 자신의 몸에 이상을 일으켰다. 신체가 아이를 대신해서 두통과 위통 그리고 우울증이라는 양상으로 분노를 표출한 것이다.

폭력이 자녀에게 미치는 부정적인 영향은 헤아릴 수 없다. 십대들의 뇌는 매우 역동적이어서 좋은 경험이나 나쁜 경험의 영향에 매우 민감하다는 것이 최근의 연구결과이다. 신경과학자들은 청소년기에 당한 신체적 학대와 성적 학대가 성인이 되어서도 뇌에 흉터로 남아 있다는 것을 증명하였다. 학대는 뇌의 좌반구, 변연계, 뇌량에 특히 부정적인 영향을 미쳐 어른이 되었을 때 이 영역들의 정상적인 기능을 저해한다. 실제로 학대받은 사람들은 스트레스를 잘 관리하지 못하는 것으로 드러났다.

폭력의 가장 심각한 피해는 아이의 자유의지를 꺾는다는 것이다. 폭력적인 부모 밑에서 자란 아이들은 자아상이 부정적이다. 남의 눈치를 보며 사람을 믿지 못한다. 매사에 소극적이고 스스로를 통제할 수 있다는 자신감이 없다. 만성 스트레스 상태에 놓여 있기 때문에 인지능력, 공감능력 등 모든 면에서 발달이 뒤떨어진다. 자아 존중감이 낮으므로 자신의 몸을 함부로 다루어 알콜이나 흡연에 빠지기도 하고 불안과 우울에 시달리며 자살을 시도하기도 한다. 비단 신체적 폭력뿐 아니라 언어적, 정신적 폭력도 비슷한 결과를 낳는다. 압박과 통제로 아이를 잡으려고 하면 언젠가 시한폭탄처럼 터질 수 있다.

한국가정법률상담소가 2010년 7월 전국 초·중·고교생 998명을 대상으로 '폭력예방교육 실태 및 폭력에 대한 인식'을 조사한 결과, 응답자의 51%가 부모의 폭력을 목격했으며 68%는 부모로부터 학대받은 경험이 있다고 응답했다. 둘 중의 하나라도 경험한 사람은 전체 응답자의 76%였다.

아이가 세상에 태어나서 가정 먼저 접하는 환경은 가정이다. 가정 안에서 부모는 자식에게 무한한 사랑을 베풀고 자식은 그 사랑을 먹고 자라면서 사회에 나갈 준비를 한다. 그런데 안타깝게도 상담실에서 만났던 아이들 중에는 가족이 원수고 집이 지옥인 아이들이 많았다. 부모의 보호와 사랑 속에 커야 할 아이들이 오히려 부모에게 받은 상처로 인해 고통받으며 하루하루를 힘겹게 견디고 있었다.

부모가 교육적인 목적에서 회초리를 사용하는 수준이라면 때에 따라 효과가 있을 수도 있다. 하지만 손발을 사용하거나 몽둥이로 아이를 훈육하려고 하면 그것을 휘두르는 순간 감정이 개입되게 마련이다. 폭력을 사용하면 때리는 부모도 아이가 느끼는 슬픔과 고통을 고스란히 느끼게 되고, 때로는 통제력을 잃고 과도하게 구타를 하는 일도 생긴다.

폭력을 휘두른 부모는 분노가 가라앉으면 미안한 마음에 상처에 약을 발라주거나 맛있는 음식을 사주기도 한다. 또한 얼마 동안은 자녀가 하고 싶은 대로 할 수 있는 자유를 허락하기도 한다. 하지만 이런 식의 훈육은 별 효과가 없다. 오히려 아이들이 부모를 병 주고 약 주는 사람, 예측불허의 사람으로 인식하게 한다.

현욱이는 아버지에게 맞아서 다리를 절뚝거리며 상담실을 찾았다. 아버지는 술을 먹으면 상습적으로 현욱이를 때렸다. 때릴 때 아버지는 마치 괴물 같다가, 술이 깨고 나면 언제 그랬냐는 듯이 멀쩡한 정신으로 돌아와서 미안하다고 사과를 한다고 했다.

"이제 저는 아빠 말을 믿지도 않아요. 저러다가 술을 드시면 또 때릴 거예요. 그래서 아버지가 술 드시고 오시는 날은 아예 친구 집에서 자고 가요."

현욱이의 원망은 아빠만을 향한 것이 아니었다. 엄마도 현욱이를 힘들게 하는 원인이었다.

"너무 힘들 때는 신고라도 하고 싶은데, 엄마가 못하게 말려요. 말리는 엄마가 더 미워요."

엄마들이 가만히 있는 이유는 폭력에 대한 순응 또는 가정을 유지하려는 욕구 때문이다. 어머니는 직접 자식을 때린 건 아니지만 폭력적인 남편으로부터 자식을 보호하지 않았기 때문에 학대에 동조한 것이나 다름없다. 아버지는 적극적인 가해자였고 어머니는 가해를 묵인한 공모자이다. 마땅히 자식을 보호해줘야 할 엄마가 보호는커녕 자신이 더 놀라서 남편의 폭력 앞에 수동적이고 무기력한 태도를 취했다. 이런 태도는 아이를 내팽개친 것과 다름없다.

아동복지법에서는 아동학대를 '보호자를 포함한 성인에 의하여 아동의 건강 및 복지를 해치거나 정상적인 발달을 저해할 수 있는 신체적, 정신적, 성적 폭력 또는 가혹 행위 및 아동의 보호자에 의하여 이루어지는 유기와 방임'이라 규정한다. 적극적인 가해 행위 뿐만 아니라 소극적인 의미의 방임 행위까지 아동학대에 포함시키고 있다. 때리는 아버지 밑에서 방관하는 어머니는 또 다른 가해자이다. 아이는 이중으로 학대받으며 고통당하고 있다.

아이가 가족의 폭력에 노출되었을 경우 부모는 이를 매우 심각하게 받아들이고 전문가의 도움을 받도록 해야 한다. 폭력 등 신체적 학대는 아이 인생 전체를 위협하는 행위이므로 숨기고 감추려는 행동은 부모로서의 직무유기이다. 폭력에서 벗어나려면 폭력을 드러내려는 용기가 필요하다. 폭력적인 행동을 할 경우 반드시 조치가 이루어진다는 사실을 가해자가 인식해야 변화는 시작된다. 문제를 드러내는 것 자체가 이미 폭력에 능동적으로 대처하는 일이다.

보건복지부 국정감사자료를 보면 최근 전국 아동보호전문기관에 들어온 아동학대 신고는 모두 만 943건으로 지난해보다 7.9% 상승하였으며 발생 장소는 대부분(87%) 가정이었고, 학대자의 대다수(83.8%)는 부모였다고 한다. 정부가 나서서 폭력 부모에 대한 치료를 집중적으로 실시하고, 피해자인 아이들을 신속하게 보호해야 한다. 아이들은 정신적, 육체적으로 미숙한 절대 약자의 입장이기 때문에 성인의 폭력과 학대로부터 자신을 방어할 수 없다. 피해자를 방치할 경우 또 다른 수많은 피해자를 재생산해서 아이들에게 씻을 수 없는 신체적 정신적 고통과 상처를 남길 것이다. 가정폭력은 엄연한 범죄이다 아이들이 기본권을 존중받으며 안전하게 보호받을 수 있는 법적 제도적 장치가 더욱 강화되어야 한다.

가출이 아니라 탈출하는 십대

상담교사가 되기 전에는 가출하는 청소년들의 얘기를 들을 때면 속으로 혀를 차며 말했다. "집 나가봐야 집 소중한 줄 알지. 될성부른 나무는 떡잎부터 알아본다는데. 아주 싹이 노랗네. 부모 속은 오죽할까." 라고 말이다. 하지만 학교 현장에서 아이들을 만나면서 청소년들의 가출이 단순히 집이 싫어서 나가는 것이 아니라 필사적인 '탈출'이란 걸 알게 되기까지는 그리 오랜 시간이 걸리지 않았다. 아이들이 입은 상처의 진원지는 대부분 가정이었다. 아이들에게 가장 안전한 보호막이 되어 주어야 할 가정이 그 역할을 제대로 하지 못하고, 상처를 주며 불안을 심어주고 있었다.

민형이는 요즘 부쩍 학교에서 말이 없어졌고 얼굴에는 수심이 가득했다. 보다 못한 담임교사가 민형이의 상담을 의뢰했다. 외모가 준수하고 행동이나 말도 제법 남자답고 씩씩한 학생이었다. 혹시 스트레스나 고민이 없는지 조심스럽게 물었더니 약간의 망설임도 없이 "아버지 때문에요."라고 말했다. 하고 싶은 말이 무척 많았던지 아이는 흥분된 어조로 얘기하기 시작했다. 민형이 아버지는 아이를 사사건건 간섭하고 통제했다. 휴대폰 문자 메시지까지 매번 확인하고, 정해진 통금시간에 귀가하지 않으면 30초 간격으로 전화를 해서 들들 볶았다. 친구들과 놀고 있는 곳에 나타나서 화를 내고 나무라는 바람에 친구들 앞에서 톡톡히 망신을 당한 적도 있다고 했다. 민형이는 도저히 견딜 수가 없어서 여러 번 가출을 감행했다고 털어놓았다.

민형이는 아버지에 대한 반항으로 가출 외에도 친구들과 어울려 오토바이를 타거나 물건을 훔치는 등 여러 가지 문제행동으로 보호관찰까지 받게 되었으며 마음의 상처로 심한 우울감에 시달리고 있었다. 부모 상담을 요청했더니 아버지 대신 엄마가 상담실로 오셨다. 어머니 역시 아들 문제로 골머리를 앓고 있었고 남편의 통제적인 양육방식에 불만을 품고 있었지만 속수무책이라고 했다.

나는 부모들과 상담을 하며 직설적으로 얘기하는 편이다. 부모들의 하소연을 들어주기보다 잘못된 점을 대놓고 지적한다. 부모들이 얼마나 힘들고 아픈지 모르는 바는 아니지만, 무조건 아이 편을 들고 아이 입장에서 얘기하려고 애쓴다. 부모는 이미 성인이므로 스스로를 통제할 힘을 가지고 있지만 상대적으로 미숙한 아이들은 그럴 힘도 없고 방법도 모르기 때문이다. 민형이 어머니에게도 단도직입적으로 얘기했다. 지금 당장 아버지의 양육방식을 바꾸지 않는다면 문제 해결은 요원하다고 거듭 얘기했다.

그러나 아버지는 결국 상담실로 오지 않았다. 아이는 가출을 반복하며 힘겹게 학교생활을 이어갔으나, 학업을 지속할 이유를 찾지 못한 채 방황하다가 결국은 학교를 떠나고 말았다. 잊을 수 없는 가슴 아픈 사례이다. 어느 곳에서도 발붙일 틈을 주지 않고 아이를 거친 세상 속으로 떠민 것은 다른 누구도 아닌 부모였다.

여성가족부가 발표한 '2014 청소년종합실태조사'에 따르면 청소년 절반 이상이 일상생활 중 스트레스를 받고 있으며 청소년 10명 중 4명은 가출 충동을 느낀 경험이 있는 것으로 나타났다. 전체의 40.6%가 가출 충동을 느껴본 경험이 있으며 전체 응답자의 9.8%는 실제 가출을 해본 경험이 있다고 답변했다. 가출 경험 횟수를 보면 1회가 6.6%, 2~3회가 2.3%, 4회 이상이 0.9%로 조사됐다.

가출 충동은 부모의 관심도와 관련이 있는 것으로 나타났다. 부모가 무관심할수록 가출 충동이나 가출 경험이 있을 확률이 높았고, 부모와의 대화 정도가 많을수록 가출 충동이 낮게 나타났다. 또 통계청에서 발표한 청소년유해환경접촉 종합실태조사에 따르면 청소년의 가출 원인은 부모와의 갈등이 가장 많았다. 특히 여학생의 경우에는 부모와 갈등을 빚어 집을 나온 경우가 전체의 60.9%를 차지했으며, 남학생 역시 44.3%에 달했다.

가출한 청소년들은 범죄에 쉽게 노출된다. 거리에서 힘겹게 지내며 최저임금에도 못 미치는 시급으로 생활비를 벌 수밖에 없는 청소년들은 범죄의 유혹에 쉽게 흔들린다. 작게는 삥뜯기부터 폰팔이, 차털이, 여학생들의 경우 성매매에 이르기까지 다양한 범죄들이 가출 청소년들을 기다리고 있다. 실제로 세계 빈곤퇴치회에서 조사한 결과 가출청소년 3명 중 2명이 생활비 마련을 위해 범죄를 저지른 경험이 있는 것으로 나와 가출청소년 문제의 심각성을 말해주고 있다. 집을 나온 청소년은 길거리라는 척박한 환경에서 삶을 이어가고 있다.

가출은 청소년의 정상적인 정서 · 인격발달 기회를 박탈한다. 가출로 인해 학업이 중단되면서 교육받을 기회를 놓치게 될 수 있으며, 이로 인해 건전한 인격 형성, 교우관계 수립 및 정상적인 취업 기회마저 놓치게 되는 경우가 많다. 또한 청소년 개인의 문제로만 끝나는 것이 아니라 가출청소년의 비행과 범죄에 따른 직접적인 손실, 정상적인 사회통합이 이루어지지 않을 때 발생하는 막대한 사회적 비용에 이르기까지 우리 사회가 감당해야 할 몫이 만만치 않다.

영아는 가출청소년이었다. 한 눈에 봐도 매우 불안해 보이는 영아는 상담이 진행되어도 좀처럼 마음을 열려고 하지 않았다. 눈치를 심하게 봤으며 시선은 불안정했다. 무엇이 이 아이를 이토록 불안하게 만들었는지 궁금했다.

"혹시 무슨 걱정거리라도 있니?"

"저 며칠 전에 가출했어요. 지옥 같은 집에서 더 이상 못살겠어요. 지금 친구 집에 있어요. 부모님이 매일 싸우는 것 보기도 이제 진저리가 나요. 저렇게 싸울 거면 결혼은 왜 했는지 모르겠어요."

"부모님이 자주 싸우셨나 보구나."

"저는 크면 절대 결혼 같은 건 안 할 거에요. 부모님 싸우는 걸 볼 때마다 그런 생각이 들었어요."

부부가 가정을 이루고 살다 보면 싸움을 할 수도 있다. 그러나 거기에도 정도가 있다. 자녀의 감정은 염두에도 없이 거친 말과 폭력으로 서로를 상처입히는 부모, 시도 때도 없이 싸움을 반복하는 부모, 싸운 후 관계 회복을 하지 않는 부모는 아이에게 전쟁과 같은 충격과 공포를 느끼게 한다. 성인이 되어서도 그때를 생각하면 가슴이 떨린다는 사람이 있을 정도다. 더 이상 가정이 편안한 안식처가 되지 못한다고 느낄 때 아이들은 집을 떠난다. 가출했던 청소년들의 이야기를 들어보면 불화 외에도 생활고, 알콜중독, 대화 단절 등으로 부모에게서 보살핌 받는다는 느낌을 잃고 정서적 관계의 결핍을 경험한 경우가 대부분이었다.

김정일 충북보건과학대 청소년 문화복지과 교수는 "위기 청소년 등 청소년 문제의 근본적 원인은 가정과 학교, 또래집단과의 관계에서 찾을 수 있다"며 "가정에서의 정서적 친밀감과 애착 관계 형성 실패나 교육 현장 부적응으로 인한 심리적·정서적 거리감 등으로 대표할 수 있다"고 설명했다. 김 교수는 "문제 해결을 위해 가장 먼저 필요한 것은 청소년에 대한 관심"이라며 "청소년이 속한 가정에서 건전한 가치관이 형성될 수 있도록 자녀를 이해하고 애정어린 태도로 아이들을 대하는 등 약화된 가정의 교육적 기능 회복이 중요하다."고 강조했다. 하지만 교육현장에서는 자녀의 가출과 비행에 무관심한 부모를 심심찮게 본다. 부모의 무관심 속에 아이들은 오늘도 불안한 가정을 탈출해서 홀로 거리를 배회하고 있다.

아이는 태어나서 가장 먼저 가족과 관계를 맺는다. 그리고 가족 내에서 무엇보다 중요한 것은 부모와 자녀의 유대관계이다. 자신이 스스로 가정의 중요한 구성원이라고 생각하는 것 자체가 보호막이 된다. 아이들은 가정이라는 보호막 속에서 세상과 타인을 미리 경험하고, 이런 경험이 성인이 되었을 때 인생을 살아가는 든든한 자원이 된다. 가족 간의 관계가 끊어지거나 약화됨으로써 유발되는 정서적 박탈감은 오롯이 아이들이 감당해야 할 몫으로 남는다.

가정은 아이가 삶의 파도에 지치고 힘들 때 언제든지 닻을 내리고 쉴 수 있는 항구가 되어야 한다. 자녀는 부모의 애정과 보호를 받으며 두려운 세상과 직면할 힘을 얻게 된다. 아이의 건강한 존재감은 가정이라는 울타리 안에서만 첫 싹을 틔울 수 있다. 더 이상 가정을 탈출하는 아이들이 있어서는 안 된다.

소속감이 없으면 아이는 외롭다

민우는 지속적으로 따돌림을 당한 이후 게임에만 빠져서 지냈다. 상담 시간에도 늘 게임 얘기만 했으며 학교를 마치면 밥 먹는 시간만 빼고는 게임만 했다. 게임 속에서만 친구를 만나고 온라인 속 가상공간에서만 대화를 나누었다. 대인기피와 우울증, 심각한 게임중독 증세로 결국에는 병원신세를 지게 되었다.

따돌림은 한 사람의 인격을 파괴하고 타인과의 관계맺기를 더 이상 못하게 만들 만큼 심각한 해를 입힌다. 우리는 보통 몸을 다치면 바로 치료를 하지만 마음을 다친 경우에는 시간이 지나면 괜찮아질 거라는 생각에 그냥 둘 때가 많다. 그러나 작은 상처도 방치하면 곪아서 큰 상처가 된다. 하물며 따돌림를 당해 마음을 크게 다친 아이를 그대로 둘 경우, 상처는 아이에게 커다란 후유증을 남긴다. 상처가 깊어지기 전에 즉시 치유할 수 있도록 전문가의 도움을 꼭 받아야 한다.

태훈이는 수업시간에 교묘하게 친구들을 괴롭혔다. 자고 있는 아이 뒤로 가서 갑자기 뒷통수를 때리는가 하면 언어폭력으로 상대방에게 모멸감을 주는 일도 서슴지 않았다. 태훈이 때문에 학교에 오기 싫다는 학생이 한둘이 아닐 정도로 괴롭힘의 수위는 높았다. 선생님 앞에서는 모범생처럼 행동하는 태훈이가 이런 일을 한다고는 생각하기 어려웠다. 오랜 시간 드러나지 않던 태훈이의 행동은 참다못한 학생의 신고로 수면 위로 떠오르게 되었다. 상담실에 온 태훈이는 "장난이었어요. 친구 사이에 그런 일로 신고한다는게 말이 되나요? 저는 잘못한게 없어요."라며 끝까지 자신의 잘못을 인정하지 않으려고 했다.

친구를 괴롭히는 일을 단순한 장난이나 심심풀이 쯤으로 생각하는 십대가 점점 늘어나고 있다. 이들은 타인의 감정에 둔감해서 내가 한 행동이 타인에게 얼마나 큰 고통을 주는 잘못된 행동인지 그 심각성을 깨닫지 못하는 경우가 많다. 따돌림의 방법도 매우 비인간적이며 교묘해서 상대로 하여금 인간적 모멸감과 인내심의 한계를 느끼게 만든다. 특히 따돌림은 집단적인 행위가 되었을 때 더욱 과격해지는 양상을 보인다.

우리나라의 십대는 경쟁에 내몰리면서 친구들과 생각을 나누고 정서적 경험을 공유할 시간이 절대적으로 부족하다. 또 형제가 적고 한 자녀 아니면 두 자녀인 가정이 대부분이어서 타인에 대한 배려나 이해심을 배울 기회가 매우 부족하다. 이기적이고 개인적인 성향이 심해진 아이들은 스트레스에 취약하고 내면의 공격성과 폭력성을 적절하게 표출하지 못한다. 그 부작용이 집단따돌림이라는 현상으로 나타나고 있는 것이다.

윌리엄 글래서 박사는 인간의 다섯 가지 기본 욕구를 제시했는데 그 중의 하나가 소속에 대한 욕구이다. 특히 십대는 소속감에 목마르다. 십대 아이들이 집단을 만들고 그 안에 끼려고 하는 것은 외로움을 피하고 싶어서이다. 집단에서 요구하는 행동이 잘못됐다는 것을 알면서도 집단의 요구에 따르는 것은 그 행동으로 인한 죄의식보다는 집단에서 밀려나게 될 것 같은 두려움이 더 크기 때문이다. 또래관계를 통해 정체감을 형성하고 자아상을 재정립하는 사춘기에는 주위 어른들의 칭찬보다 친구들의 인정을 더 중요하게 받아들인다. 또래와의 관계 속에서 소속감을 느끼고 역할을 수행하면서 자신의 존재를 확인하는 것이다. 그래서 또래집단에 속하지 못하면 자신을 부정적으로 평가하게 되고 자존감이 낮아져서 우울감을 느끼기도 한다.

많은 아이들이 따돌림 당하는 친구를 돕지 못하고 방관하는데 이는 자신도 자칫 잘못하다가는 따돌림을 당할 수 있다는 위기의식 때문이다. 친구란 무엇이고 어려움에 처한 친구를 돕는 일이 얼마나 가치 있는 일인지 아이에게 알려줄 필요가 있다. 청소년기에 또래관계를 통해 이타성과 도덕성을 발달시킬 수 있도록 부모가 도와야 한다.

한 남학생이 가지고 다니던 커터 칼로 동급생에게 상처를 입히려다 교사에게 제지당한 일이 있었다. 이 아이는 초등학교에 다닐 때부터 여러 가지 이유로 지속적으로 따돌림을 당했다. 피해의식에 시달리면서 분노를 쌓아왔던 아이는 언젠가는 가해자를 제 손으로 죽이겠다는 생각으로 가방 속에 칼을 가지고 다니기 시작했다. 사소한 다툼으로 화가 폭발한 아이는 칼로 상대 학생을 위협하는 지경에 이를 정도로 분노로 가득 차 있었다. 이 아이는 그 동안 자신의 상처에 대해 한 번도 공감받지 못했고 "네가 그 모양이니 따돌림을 당하지!"라는 비난만 받았다고 했다.

따돌림을 당한 아이에게 얼마나 못났으면 따돌림을 당하느냐고 비난하거나 야단을 치면 그 아이는 막다른 선택을 할지도 모른다. 아이의 아픔을 진심으로 공감해주고 수용적인 태도로 접근해야 한다. 힘든 시간이 지나면 좋은 친구를 사귈 수 있다는 희망과 믿음을 심어주는 것도 중요하다. 비록 부모로서 마음이 아프고 속이 상하더라도 아이의 눈높이에서 바라보고 그동안 아이가 느꼈을 아픔을 이해하고 받아 주어야 한다.

어느 날 부터인가 아이가 친구를 만나지 않거나 학교 이야기를 하지 않는다면 부모는 아이의 상태를 주의깊게 살피고 대화를 시도해야 한다. 아이들은 자신의 상황을 부모에게 잘 알리지 않고 혼자 고민하는 일이 많다. '내가 따돌림을 당한다는 사실이 창피해서' '보복이 두려워서' '부모님이 걱정하실까봐' 등의 이유로 혼자서 괴로운 시간을 보낸다. 아무도 자기를 도울 수 없다는 비관적인 생각에 부모에게도 털어놓지 못하는 것이다. 부모는 아이의 태도만으로도 이러한 상황을 감지할 수 있어야 한다.

아이에게 부모는 가장 좋은 멘토다. 자녀의 말을 침착하게 들어주고 위로해주어야 한다. 그동안 아이가 겪었을 고통과 외로움, 수치심, 억울함 등의 감정을 공감해주는 것만으로도 아이는 큰 위로를 받는다. 혼자서 겪어야 하는 외로운 싸움이 아니라 자신을 이해하고 지지해주는 사람이 있다는 것만으로도 희망과 자신감을 가지게 되어 상황에 적극적으로 대처할 수 있는 힘을 얻는다. 어떠한 상황에서도 나는 너를 사랑하며 언제나 네 편이라는 메시지를 아이에게 계속 전달해야 한다. 그러면 아이들은 부모가 보여준 심리적 지지를 바탕으로 다시 일어설 수 있다. 소속감에 목마른 외로운 아이들에게, 부모의 진실한 말 한마디는 죽어가는 마음을 살리는 큰 힘이 된다.

죽음을 생각하는 청소년들

출근하고 얼마 지나지 않아 영선이의 담임교사가 얼굴이 하얗게 질린 채 상담실로 들어섰다. 그리고는 다짜고짜 스마트폰을 내게 내밀었다. 담임교사가 내민 스마트폰 화면 속에는 온통 피투성이가 된 아이의 팔이 찍힌 카톡 프로필 사진이 보였다. 영선이는 아버지와의 갈등으로 심한 우울증을 겪고 있었다. 오랜 기간 아버지에 대한 분노가 쌓여 한이 되었고 급기야는 우울이라는 마음의 병까지 얻게 되었다. 병원 치료를 시작한 후로는 안정을 찾아가는 듯 보였지만 아버지와 갈등이 있었던 날이면 이런 식으로 대형 사고를 쳐서 담임교사의 피를 말렸다.

부모의 이혼으로 혼란스러워하며 자해행동을 보인 성욱이는 "칼로 손목을 그을 때 느끼는 아픔이 제 마음의 고통보다 훨씬 덜 아파요."라는 말로 극심한 마음의 고통을 표현했다.

십대들은 강한 감정을 다루거나 긴장이나 스트레스를 감소시키는 방법으로 자해를 한다. 부모와의 갈등이나 여자친구와 헤어졌다는 이유 때문에 자해를 하기도 한다. 학자들은 자해가 우리 몸이 가지고 있는 진통제인 엔돌핀을 분비시켜서 기분을 좋게 만들어 준다는 가설을 세우고 있다. 이유가 무엇이든 간에 자해는 아이가 고통을 호소하는 방법이다. 심한 정서적 불안을 해소할 건강한 대처방안을 가지지 못했기 때문이다.

자해는 청소년 우울증의 가장 극명한 신호이자, 자살로 이어질 위험성이 높다는 점에서 주의 깊게 관찰하고 보호를 제공할 필요가 있다. 자살과 관련이 있는 우울증을 경험하고 있는 청소년들이 해마다 증가하고 있다. 청소년의 9%가 일생에 한 번 이상 자살을 시도한다. 청소년의 자살은 십대 우울증과 명백한 관련이 있고 우울한 청소년이 자살할 확률은 일반인에 비해 9배 정도로 높다. 2011년 국민건강보험공단이 집계한 자료에 의하면 2010년 우울증과 재발성 우울증으로 병원에서 치료받은 십대 청소년 수는 23,806명에 이른다. 그런데 증상이 있어도 병원을 찾지 않는 실정을 감안하면 실제 이런 고통 속에서 살고 있는 청소년 수는 훨씬 더 많다고 추측할 수 있다.

십대 우울증의 특징 중 하나는 가면성 우울증이 흔하다는 것이다. 가면성 우울증이란 마치 가면을 쓴 것처럼 겉으로 보기에는 우울해 보이지 않아도 실제로는 우울증을 앓고 있는 경우를 말한다. 그래서 가면성 우울증을 앓고 있는 청소년들은 우울하다기보다 반항적으로 보인다. 공격적이고 반항적이며 산만한 행동을 하고, 비행을 일삼거나 게임이나 인터넷에 빠져서 생활에 지장을 초래하기도 한다. 상담 결과 우울감이 심각하다고 판단되어 부모님께 말씀을 드리면 "우리 애는 전혀 우울해 하지 않아요. 오히려 너무 산만해서 걱정인데요. 그럴 리가 없습니다."라고 반응하는 부모가 많은 것도 청소년기 우울증에 대한 지식이 부족해서이다.

서울시 청소년 상담지원센터의 이윤조 팀장은 "십대 우울증은 폭력이나 비행과 같은 품행장애와 인터넷 중독으로 나타난다."며 "필요 이상으로 분노하고 화내는 십대를 상담하다 보면 원인이 우울증인 경우가 많다."고 말했다. 근본 원인인 우울증은 미처 생각하지 못하고 겉으로 드러나는 행동만을 고치려고 들면 부모와 자녀 사이의 불화만 심해지고 치료도 되지 않는다는 게 전문가들의 의견이다. 대부분의 전문가들은 우울증이 유전적 소인, 환경, 생리학적 문제 등의 복합적인 원인에서 기인한다고 본다. 신체적, 정신적 학대, 인정받지 못함, 부모의 기대에 미치지 못함, 학교에서의 실패 등 환경적 요인도 우울의 원인이 된다.

우울증을 치료하려고 병원에 가는 것을 꺼리는 한국 사회의 풍토도 청소년 우울증 문제의 해결을 더욱 어렵게 하고 있다. 성모병원 정신과 전태연 교수는 "우울증은 정신병이라는 편견이 있는 한국에서 부모가 자녀의 우울증을 인정하는 게 쉽지 않다."며 "자녀가 우울증 증세를 보이면 '마음이 약해서 그렇다'며 다그치는데 이러면 우울증이 악화된다."고 지적했다. 심각한 우울은 자살 시도로까지 이어질 수 있다. 치료의 시작은 부모와 청소년 모두 누구나 우울증을 겪을 수 있다는 사실을 인정하는 것이다.

청소년 우울증의 또 다른 특징 중 하나는 남자 청소년이 더 치료에 소극적이라는 것이다. 사랑샘터 청소년우울증센터 김태훈 원장은 "한국에서 여권이 신장하긴 했지만 아직까진 남성에 대한 기대가 더 높다. 그래서인지 아들이 우울증을 겪는다는 사실을 못 받아들이는 부모들이 많다"고 설명했다. 남자는 강해야 한다는 전통적인 인식 때문에, 부모들은 딸의 정신과 치료에는 상대적으로 적극적이지만 아들의 경우에는 문제를 인정하지 않으려고 한다는 것이다. 이런 사회문화적 환경에서 남자 청소년은 문제를 더 키우게 되고, 탈출구를 찾지 못한 아이들은 비행이나 폭력과 같은 형태로 문제를 표출하면서 '2차 사고'를 치게 된다.

청소년 우울증은 쉽게 발병하기도 하지만 제때 치료를 받으면 빠르게 회복된다. 그런 측면에서 예방과 조기 진단, 치료가 중요하다는 전문가들의 조언을 귀담아 들어야 한다.

청소년의 마음 건강에 주의를 기울여야 하는 가장 큰 이유는 청소년 자살이라는 최악의 결과를 막기 위해서다. 한국의 청소년 자살률은 심각한 수준이다. 통계청이 발표한 자료에 의하면 2012년 자살한 한국의 십대(10~19세)는 모두 336명, 하루 평균 약 0.92명이었다. 거의 하루에 한 명 꼴로 자살을 한다는 의미이다. 가슴아픈 수치가 아닐 수 없다.

청소년들은 입시나 학교폭력부터 회피하기 위해 자살을 시도하는 경우가 가장 많고, 사별한 부모나 죽은 친구를 다시 만나기 위한 재결합 심리로 자살을 시도하기도 한다. 자신을 힘들게 했던 교사나 부모에게 보복하려는 심리로 자살하는 경우도 있고 하고자 하는 일이 뜻대로 되지 않을 경우 좌절감을 견디지 못해 자살을 선택하기도 한다.

자살을 생각하고 있는 아이는 주변인에게 자살에 대한 얘기를 심심찮게 한다. 이때 부모나 친구들이 무심히 넘겨버리면 안 된다. 곧 괜찮아질 거라고 하면서 자녀의 감정을 무시하거나 비판적인 태도를 보여서도 안 된다. 아이는 도와달라는 신호를 보내고 있는 것이다. 차분히 아이와 마주앉아 고민을 들어보고 자살에 대한 생각을 물어야 한다. 흔히 자살에 대해 직접 언급하는 것을 부담스러워 하는 교사와 부모가 많은데, 자살시도 전적이나 자해 경험이 있는 아이들의 경우 재시도의 우려가 크므로 반드시 질문을 통해 확인해야 한다. 그 과정에서 아이는 자신의 생각을 받아주는 교사와 부모가 있다는 사실에 대해 안심하고 마음을 연다. 대부분의 청소년 자살은 고민을 제대로 이해받지 못하는 데서 비롯됨을 기억하자.

청소년들이 겪고 있는 스트레스나 고민은 성인들처럼 복잡하거나 난해하지 않다. 가정에서 조금만 관심을 가져도 해결되는 문제가 태반이다. 그러나 어른들은 아이들의 이러한 상황에 대해 막연히 알 뿐 제대로 이해하지 못한다. 그래서 아이가 도대체 무슨 고민으로 힘들어하는지 알 수가 없다며 답답해하거나, 이미 안 좋은 일이 벌어진 다음에야 "왜 좀 더 빨리 아이의 고민을 들어주고 이해해주지 못했을까."라며 뒤늦은 후회를 한다.

우리 주변에는 죽음을 생각하고 있는 아이들이 생각보다 많다. 이 아이들은 누군가 자신의 마음을 읽어주고 공감해주길 원한다. 주변에 자신을 이해해주고 고민을 들어주는 사람이 한 사람만 있어도 극단적인 선택은 하지 않는다. 아이들이 어떤 고민을 하고 있고 어떤 생각을 하고 있는지 부모가 알고 있어야 한다. 부모의 온전한 관심만이 죽음으로부터 아이들을 지켜줄 수 있다.

든든한 베이스캠프가 되어주자

에베레스트와 같은 고산을 등정하거나 장거리 탐험을 할 때 원정대는 베이스캠프를 설치한다. 베이스캠프는 정상을 향하는 이들에게 이정표가 되고, 급작스런 눈보라에서 지켜준다. 힘들고 지칠 때 머물며 물자를 보급하고 기운을 충전할 수 있는 곳이기도 하다. 산이 높을수록, 갈 길이 멀수록 베이스캠프의 존재는 필수다.

산악인이 등반에 성공하기 위해 베이스캠프가 있어야 하듯 아이가 인생이라는 산을 등반하는 데에도 베이스캠프가 필요하다. 부모가 바로 그 베이스캠프다. 한결같이 자리를 지키며 애정과 신뢰를 보급해주는 부모가 있을 때 사춘기 아이는 마음껏 변화하고 멀리까지 성장할 수 있다.

그러나 부모로서 든든하게 자리를 지키는 것이 쉬운 일은 아니다. 상담교사로서, 아이를 키우는 한 사람의 엄마로서 수많은 부모들을 만나면서 가장 많이 들은 것이 불안의 목소리였다. 아이가 공부할 생각을 하지 않는다. 게임과 스마트폰을 너무 많이 한다. 너무 조용하다. 너무 산만하다. 친구와 어울려 다니느라 정신을 못 차린다……. 특히 입시 문제가 되면 부모의 걱정은 이루 말할 수 없다. 이렇게 게으름만 피우고 수능은 어쩌려는지 모르겠다며 한숨을 푹푹 내쉬는 부모님들의 얼굴에는 근심만이 가득했고, 아이를 키우는 행복이나 만족감을 찾기 어려웠다.

사춘기 부모는 불안과 걱정이 많을 수밖에 없다. 어디로 튈지 모르는 아이의 행동은 예측하기도 대응하기도 어렵고, 충동적으로 행동하다 사고를 일으키거나 위험에 빠지면 어쩌나 하는 생각도 떨치기 어렵다. 입시와 진학에 대한 부담이 최고에 달하는 것도 십대 시절이다. 한숨도 꾸중도 찡그린 얼굴도, 사실은 아이를 사랑하는 마음에서 비롯한 것이다.

하지만 아무리 아이를 위하는 마음이 있다 해도, 부모의 과도한 불안은 고스란히 아이에게 전해져 짐이 된다. 이미 자신에 대한 불안, 세상에 대한 불안, 미래에 대한 불안으로 고민하고 있는 청소년들에게 부모의 불안까지 짊어지게 할 수는 없다. 아이의 불안을 덜어주고 용기를 북돋아주는 것이 부모의 역할이다.

많은 부모들은 워낙 세상이 험하고 경쟁이 심하니 걱정을 할 수밖에 없다고 말한다. 하지만 무작정 조바심을 내는 것이 능사는 아니다. 진짜 문제가 있어서 걱정을 하는 것인지, 혹시 내가 내 아이를 믿지 못해서 막연한 불안에 휩싸여 있는 것은 아닌지 돌아볼 필요가 있다. 부모가 아이를 믿고 중심을 잡을 때, 아이 또한 자신과 부모를 믿고 인생의 중심을 잡아가기 시작한다.

아이를 믿기 위해서 가장 먼저 필요한 것은 내 아이를 알고 이해하는 것이다. 부모 공부는 아이의 행동에 효과적으로 대응하기 위한 것이기도 하지만, 근본적으로 내 아이를 신뢰하기 위한 공부다. 신뢰란 상대의 생각과 행동을 믿고 따라갈 수 있는 힘이다. 자녀가 의미 있는 삶을 추구하고자 노력하고 있다는 것, 자신만의 잠재력이 있다는 것을 믿는 것이다. 정해진 잣대로 아이를 평가하면 못 미치는 부분만 보고 걱정하게 되기 쉽지만, 아이의 개성과 변화하는 과정을 이해하면 더 다양한 가능성이 눈에 보인다. 내 아이가 변화한 이유를 알고, 소통하는 법을 배워 아이의 속마음을 듣고, 아이가 가고자하는 길을 알면 사랑하고 믿는 마음은 자연스럽게 생겨난다. 아이가 문제에 스스로 대처할 수 있다는 것, 세상을 잘 살아갈 수 있다는 것을 믿을 수 있다.

부모가 아이를 믿으면 아이 내면에서도 자신에 대한 신뢰가 싹튼다. 아이도 부모를 사랑하기 때문에 부모의 믿음과 기대를 결코 저버리지 않는다. 부모가 관심을 갖고 응원한다는 것을 알고 있는 아이들은 성장을 향한 부단한 노력을 멈추지 않는다. 그리고 대부분의 아이들은 부모가 생각하는 것 이상으로 현명한 결정을 내린다. 설령 잠시 일탈을 했더라도 한차례 진통을 거치고 나면 한결 성숙한 모습이 되어 제자리로 돌아온다. 그 가능성과 능력을 믿고 아이 스스로가 역량을 발휘할 수 있는 환경을 만들어 주어야 한다.

영호는 고등학교 3년 내내 상담실의 단골손님이었다. 수업을 빼먹고 싸움을 하고 다니며 고루고루 말썽을 피웠고, 공부나 진학에는 관심조차 없었다. 영호 어머니의 근심이 얼마나 컸을지는 말할 필요도 없다. 영호 어머니는 상담을 위해 자주 학교에 오셨다. 영호의 학교 생활에 대해 질문을 많이 하고, 무엇을 하면 좋을지 물으시곤 했다. 집에서 영호와 계속 대화하려고 노력하면서 대화 내용에 대해서도 진지하게 상담을 청해오셨다. 좀처럼 변하지 않는 아이의 행동에 속은 다 타들어 갔지만 영호 어머니는 잘 버텨주었다.

3학년 2학기에 접어들 무렵 아이는 변하기 시작했다. 천방지축이던 행동이 점차로 차분해졌고, 진로를 고민하며 공부를 하기 시작했다. 비록 다른 아이들보다 출발이 늦기는 했지만 한번 방향을 잡으니 태도가 사뭇 진지했다. 긴 방황의 시간을 겪었지만 어머니라는 든든한 베이스캠프 덕분에 아이는 다시 길을 찾을 수 있었다.

부모의 넓은 품은 마음을 치유하고 쉴 수 있는 안식처다. 부모의 품이 베이스캠프의 역할을 충실히 할 때 아이들은 안심하고 언제든 제자리로 돌아올 수 있다. 힘을 얻고 다시 용기를 내서 앞으로 나아갈 수 있다.

사춘기라는 힘든 시기에 아이를 지탱해주는 힘은 부모의 사랑이다.

부모가 자신의 존재를 기쁨으로 여기고 있다는 사실을 알게 된 아이는 인생이라는 산의 등반을 위한 준비를 이미 갖춘 것과 다름없다. 조건 없는 사랑으로 온전히 긍정받은 아이들은 자신의 능력을 한껏 발휘하고, 세상을 두려워하지 않고 자유롭게 꿈을 키운다. 누가 뭐라 해도 삶의 주인공은 자신임을 잊지 않으며 긍정적이고 건강한 사회인으로 성장한다. 늘 그 자리를 지키는 베이스캠프처럼 흔들리지 않는 부모의 사랑을 보여준다면 아이는 목적지에 안전하게 도착할 수 있다.

사춘기는 어렵고 복잡한 미지의 영역이지만, 아이와 부모 모두에게 가슴 벅찬 성장의 기회이기도 하다. 아이는 깜짝 놀랄 속도로 성장하고 변화한다. 거기에 맞춰 함께 변화하려고 노력하는 동안 부모도 자연스럽게 성장한다. 그 과정은 부모의 인생에 새로운 장을 열어주고 기쁨과 보람을 가져다줄 것이다.